はじめに――隅谷先生から学ぶ

隅谷先生は、よく「旗幟鮮明《きしせんめい》」とおっしゃっていました。戦国時代の武士が戦いに臨むに際して掲げた鮮やかな旗印から転じて、己の立場を明確にするという意味です。また、日本のキリスト教会の基礎を築いた植村正久は「人生は戦場なりと覚悟すべし」と言っています。そして、隅谷先生の自伝『激動の時代を生きて』(岩波書店、二〇〇〇年)も、まさに戦場を駆け抜けたかのような先生のご生涯を表しています。では、そのような生き方の中で何が重要であるのか、それは己の立脚点であります。

隅谷先生は、十六歳の少年の時以来、「重い十字架を背負うことのできる者として下さい」という祈りで生涯を貫かれた方でした。しかも、その十字架は「仰ぐ十字架」というよりは「背負う十字架」であります。十字架を背負って社会へ、歴史形成へと歩んでいこうというのです。しかしそれは、単に社会運動に目を向けていたということだけではありません。晩年の先生がよく言われていたように、十字架というのは水平線（歴史、社会）だけではなく、垂直線（神からの啓示）が不可欠です。上（神）よりの力が加わらなければ、何事もなし得ません。今、わたしたちは、このことを再び考え直すべきところに置かれているのではないでしょうか。

隅谷三喜男先生召天一〇周年記念講演会
実行委員長　舩戸良隆

目次

あとがき

83

隅谷三喜男先生召天一〇周年記念講演会

わたしたちは何をなすべきか——隅谷先生から学ぶこと

二〇一四年五月三日（土・憲法記念日）午後二時から四時三〇分

於東京女子大学講堂

司会　船戸良隆

本日は、隅谷三喜男先生召天一〇周年記念講演会に多くの方がお越しくださったこと、心から感謝いたします。私はアジアキリスト教教育基金の船戸です。本日は司会を務めさせていただきますので、よろしくお願いいたします。

はじめに皆様に一言お詫びを申し上げなければいけません。この講演会は昨年の一〇月二六日に予定していたのですが、当日、大型台風が関東地方に上陸するとの予報が出たため延期せざるを得なくなりました。その際、各方面に中止の連絡をしたのですが、連絡漏れがあり、一〇〇名弱の方が吉祥寺また西荻窪のバス停に雨の中来られました。私たち実行委員は手分けしてバス停に出かけてお詫びし、住所と名前を書いていただきました。今回は、その方々にあらためてお知らせし、お越しいただいたのですが、その節は大変失礼いたしました。深くお詫び申し上げます。本日はうってかわって、大変良いお天気にめぐまれ、このようにたくさんの方にご来場いただき心より感謝申し上げます。それでは最初に主催一〇団体を代表して、東京女子大学学長小野祥子先生より開会のご挨拶をお願いします。

開会挨拶　小野祥子

東京女子大学学長の小野と申します。本日はどうぞよろしくお願いいたします。今日は五月のさわやかな晴天の中で、多くの方のご協力を得てこの記念講演会を開催できますことを心より感謝いたします。こうして、故・隅谷三喜男先生の召天一〇周年記念講演会を東京女子大学で開催できることは、本学にとって誠に喜ばしくまた名誉なことと存じます。

さて、隅谷三喜男先生は東京女子大学学長を一九八〇年から二期八年間お務めになりました。その間、他大学に先立って短期大学部を学際的な構成の現代文化学部に改組するという、本学にとって非常に大きな働きをされました。しかし、それだけでなく、現代社会で女子大学はどのような役割を担うべきか、大学教育はどうあるべきかということについて、隅谷先生は本学教員のみならず社会に対しても問いかけ、大学教育の改革に向けた真剣な議論へと導いてくださいました。

私は、一九八二年に専任講師として東京女子大学に採用されました。その時の学長が隅谷三喜男先生でした。隅谷先生のサインの入った新約聖書を、面接の時に先生の手から直接いただいたのです。その時の先生の穏やかなお顔は、ここにあるお写真そのものでした。そして、穏やかながらも鋭い眼差しの前に、ちょっと緊張したことを覚えています。

本日はまず、姜尚中先生にご講演いただきます。また和田春樹先生、加山久夫先生からコメントをいただくことで、隅谷先生から学ぶべきことについて改めて考えを深めるとともに、その功績を偲び、先生への感謝を新たにしたいと願っています。どうぞよろしくお願いいたします。

船戸良隆

それではまずは、聖学院大学学長の姜尚中先生に「私たちは何をなすべきか——隅谷先生から学ぶこと」と題してご講演いただきます。姜先生、よろしくお願いいたします。

基調講演　姜尚中

わたしたちは何をなすべきか――隅谷先生から学ぶこと

今日は、お集まりいただきありがとうございます。私は昨年、船戸先生からお話があったように、この会が立ち消えになるのではないかという時に、今後どうしたらよいかと相談を受けました。私は、ぜひもう一度やりましょうと船戸先生にお返事したのですが、その後先生は今日の会の準備に大変なご苦労をされたと思いますし、関係者の方々も今日のため、本当に無私のご奉仕をされたのではないかと思います。

時がある

私は一九八七年に埼玉県上尾市の教会で洗礼を受けたのですが、その時に牧師から与えられたのが、旧約聖書の中の「すべてのわざには時がある」という言葉でした。今、私はまさしく「時がある」と思ってここに立っているのですが、一方で危惧しているのは、今日は戦後という時代の最後の五月三日になるかもしれないということです。

私は一〇年前に、この社会がこれから戦後七〇年を迎えることはないかもしれない、いやそもそも「戦後」という時代の呼び方自体がなくなるかもしれないと、ある小さな出版物に書いたことがあります。つまり、「戦後」という時代区分、それによって私たちの人生を考えていく、そういった時の刻み方の尺度がなくなるのではないかと、やや悲観的な気持ちで書いたのです。

そして今日、五月三日は憲法記念日です。しかしそれも、もしかしたら最後の記念日になるかもしれないと、私自身は考えています。もっとも、そうしたときだからこそ、ここに集まり、隅谷先生とともにこの記念日について考えることには非常に意味があるのではないかとも思っています。隅谷先生は一九一六年にお生まれになり、二〇〇三年に亡くなられました。この期間は、二〇世紀の激動の時代そのものでした。今年は、第一次世界大戦勃発から一〇〇年を迎えます。一九二〇年代から三〇年代に多感な青年期を送った隅谷先生は、日米戦争時に大学を卒業、さまざまな苦難に遭われながら、満州で新しい生活を始めました。そして戦後には、まったく新しい人生を再び歩まれたのです。このように、先生の人生そのものに、二〇世紀という時代は深く深く刻み込まれているのです。その先生は、ことあるごとにいろいろなところでご発言されていたのですが、今日この日に、もしも先生がいらして何かお話になるとすれば、きっと私と同じことを言われるのではないかと不遜にも思いつつ、

姜尚中氏

「先生から何を学び、そしていま我々はどうすべきか」、お話しさせていただきます。

先生はベルリンの壁が崩壊した一九八九年、昭和から平成に変わるころに、私が勤める聖学院大学で全学教授として教鞭をとられました。このことには、私個人としては、何かめぐり合わせのようなものを感じずにはいられません。また大学院に私が入った時も、先生の著書『韓国の経済』*（岩波書店、一九七六年）を、専門外でありながらバイブルのように読み漁ったことを良く覚えています。このように、先生との因果のようなものが私にはあるのではないかと思い、今回はこの大役を担うことに踏み切った次第です。

ヒューマニズム・社会科学・信仰

それでは今、隅谷先生の思想とその遺産（レガシー）から、我々は何を受け取るべきなのでしょうか。先生はいつも、「私が明治時代の社会思想を研究する場合でも、常に自分の念頭にあったのは現代のこと、今を生きるということを知りたいがために、私は常に歴史に目を向けた」ということを何度もおっしゃっていました。そこには恐らく、一九三〇年代という、日本のみならずアジア全体にとって激動の時代に多感な青春時代を送られた先生の体験がにじみ出ていたのではないかと思います。また先生は、いわば外地である満州でのさまざまな苦難の中で、中国の人々との交流を深めつつあの時代を過ごされました。そして、その後には日本の敗戦と再生があったのです。そうした中で先生は、ヒューマニズム、社会科学、そして信仰という三つの問題を常に考えていたのではないでしょうか。

隅谷先生は、社会政策学者の大河内一男先生の、ある意味では愛弟子にあたる存在です。しかし先生はいつも、「労働力」として経済的なカテゴリーでくくられる抽象的な存在について、「労働力」は同時に「労働者」でもあり、その「労働者」という生きた人間に、いかにして社会科学者またキリスト者として自分がアプローチできるのかと常々考えておられました。先生は、単に労働経済学や社会政策学の通り一遍の政策論や工業経済・産業経済論などに留まるのではなく、「労働力」としてくくられる労働者が実際には苦しみ悲しみながらも、理想を持って生きている存在であるということを、社会思想の問題として常々お考えになっていたのではないでしょうか。

そのことを知るにつけ、私自身と先生の間には接点がとても多いということに気づかされます。私はかつて、明治後期の日本社会思想について研究しながら、高校時代に読んだ、夏目漱石の小説『坑夫』について思い出したものでした。漱石は間違いなく、足尾鉱毒事件をきっかけとして『坑夫』を書きました。坑夫という人外の人、人ならざる人、社会の底辺に蠢めいている人々、そういう人々の生きた人間としての存在について、先生は社会科学者として炭坑で様々な調査をされました。そして、人間としての労働者をしっかりとながめることの眼差しを、最後まで先生が忘れなかったことは、社会科学の歴史の中でも本当に稀有なことだったと思います。

時代の不寝番

また先生は満州での生活経験から、いわば隣り人としてのアジア、アジアの隣人ということを生涯考え続けられた人だと思います。韓国、中国、インドネシアなどアジア各国に隣人を持ち、戦後日本においても稀有な人生を歩まれました。先生はただ机上で、書斎で思索をめぐらせるのではなく、実際に現場に行き調査をし、人々と苦楽を共にしながらその思いをすくいあげ、社会科学として自説を展開されたのだと思います。そうした働きをされた先生の存在は、いわば時代の不寝番でした。私たちが眠りこけたり疲れたりして、時代に流されていく中で、決して寝ることなく時代を常に見つめ続けていく、そうした珠玉のようなエッセイを、先生は八〇年代末から九〇年代に残されました。『ひとすじの途：学問と信仰のはざまで』*（新地書房、一九八六年）、『時の流れを見すえて』*（岩波書店、一九九一年）、そして『激動の時代を生きて』*（岩波書店、二〇〇〇年）、この三つの本の中には、我々が現代という困難な時代を考えていく際に、今なお目を向けなければならない珠玉のような言葉がちりばめられています。

九〇年代に先生は、「死魚は流れのままに流されるが、活魚は流れに逆らって泳ぐ」*という内村鑑三の言葉を引かれたことがあります。それからもう一五年、いや二〇年以上の歳月が流れましたが、この間で日本は大きく変わったと思います。そしてその変化の果てに、我々は二〇一五年、戦後七〇年、日韓条約から五〇年という節目の時を迎えるのです。そして五月三日に、隅谷先生が二期にわたって学長を務められた東京女子大学のこの講堂で、こうして先生を偲ぶことにも、私は非常に「時がある」と考えています。私は、隅谷先生のことをさまざまなところで知り、またその著作を読むにつけ、その鋭い眼光は決して古びることなく現代という時代をつねに見抜いていたと思わされるのです。

隅谷先生は、残念なことに二〇〇三年に召天されました。従って東日本大震災が日本の社会にどのような影響をもたらしたのか、先生が知る由もありませんでした。三月一一日、東日本を襲ったあの大震災は、津波とともに原発事故という空前の事故をもたらしました。原発事故が日本社会に問いかけたものは、いったい何だったのでしょうか。そして今再び政権交代し第二次安倍政権の発足があり、戦後七〇年を前にして、安倍首相の大仰な言葉を使えば戦後レジームというものが問われています。亡くなられてわずか一〇年でこれだけの変化が起きたことを、もし先生が生きていれば非常に驚き、憂えただろうと思います。

今日は憲法の問題について語るべき場所ですけれども、私はここで、もっと深く先生の社会思想から学び、そして引き継ぐべきものを自分なりに考えながらお話ししたいと思います。

戦後というエクソダス*の体験

まず、私のことを少しお話ししましょう。私は一九五〇年に九州は熊本の片田舎で生まれました。考えてみますと、私はまさしく戦後日本の子と言っていいと思います。たとえ日本国憲法が適用されない在日外国人という存在であっても、私は戦後という時代の空気をたっぷりと吸いながら生きてきたと言って過言ではありません。その後の六〇数年の人生も、戦後日本の子として送ってきたのです。

そして今、なぜ日本の社会がこのような状態になっているのかと自問自答せざるを得ません。また、三年前にあのような空前の原発事故が起きた以上、日本は再び変わっていくのではないかとも思われます。それについては、おそらく隅谷先生が生きていらっしゃればきっとこう言われたと思います。「日本の再生」と。「三月一一日、東日本大震災と原発事故に見舞われた日本は、第二の出エジプトの時代を迎えたのだ」、隅谷先生ならば、きっとそう言われたのではないでしょうか。というのも、先生はかつて、一九四五年八月一五日を出エジプトになぞらえました。あの日、日本はまさに隷従の檻から逃れ、私たちははじめてエクソダスの体験を持ったというわけです。まさしくそうしたエクソダスの体験として先生の思想と信条の奥深くに刻み込まれたのが、戦後という時代であったに違いないと、私は思っております。

あれから約七〇年の時間が過ぎました。この間のことを振り返るとき、覚えておかねばならないのは、戦前の富国強兵は結局達成されなかったということです。富国強兵の思想は結果的には貧国強兵に陥り、さらには、先生の言葉を使えば貧国強兵どころか貧民強兵にしかならなかった。その強兵の成れの果てが一九四五年八月一五日の敗戦だったのです。

その後、戦後の日本は豊かになりました。今の日本は間違いなく、世界がうらやむほどの富国です。しかしその豊かさは、富国強兵の夢によるものではないことは重要です。戦前の夢として潰え去ったものは、戦後ついに達成されることはなかったのです。これは大いなる逆説であり、同時に、大いなる歴史の進化でもあります。戦前は貧国強兵であったとするならば、戦後はいわば富国弱兵なのです。確かに、日本は今、通常兵力においてはおそらく世界有数の軍事大国です。「経済大国から軍事大国へ」（『時の流れを見すえて』岩波書店、一九九一年）というエッセイを、隅谷先生も書かれていました。しかしそれでも、日本はあくまで富国弱兵であり、富国強兵にはならなかったのではないでしょうか。それは言うまでもなく、憲法という大きな制約と、それを支える人々の歴史意識が、消し去られることなく脈々と受け継がれてきたからだと思うのです。私はそれこそが、エクソダスの果てに日本が獲得した、決して失われてはならないレガシー（遺産）だと思いますし、そのレガシーが今後も受け継がれていくことは先生も望まれるところでしょう。

三月一一日の問いかけ

しかし先ほども述べたように、日本は通常兵力において世界有数の軍事大国になっていることもまた、間違いありません。そのアンビバレントな状況を、今後どのように振り分けていくのか。つまり、戦前のような富国強兵に向かうのか、戦後の富国弱兵の道をあらためて選ぶのか、このような選択を日本国民に大々的に問いかけたのが、三月一一日だったと思います。またそこでは、「富国」そのものの意味についても、問題にならざるを得ません。世界有数の技術大国であり、原子力の先端的科学技術を持っていると言われていた日本が自然に敗北したのですから。自然という、神が創った最も大きな被造物の前に、日本は戦前とは違った意味で敗戦を舐めたのです。その経験からは、富国強兵とも富国弱兵とも違う、国を富ますことよりも、人間と自然とが共生できることに重きを置いた新しい豊かさのあり方を模索できるのではないでしょうか。さらに言えば、三年前の東日本大震災はおそらく、日本国憲法の精神をもう一度選び直し、日本の新しい姿を構想する、そのための契機となるべきではなかったのではないでしょうか。

しかしこの間の日本の政治情勢は、残念ながら全くそれとは反対の方向へと、確実に舵を切りつつあります。隅谷先生は『日本社会思想の座標軸』*（東京大学出版会、一九八三年）の中で、明治末から世界的大恐慌にいたる過程では、社会的なヴィジョンが失われた時に、いかに国家的なヴィジョンが上から強制されていったのかということを、学術的にしっかりと提起しておられました。その議論は、あたかも私たちの現在を予測していたようですらあるのです。

歴史の符合

明治末の歴史の流れを振り返ってみると、明治四〇年代から第一次世界大戦、関東大震災、昭和恐慌、そして満州事変がありました。そして戦後の日本は、敗戦と高度成長期、経済大国、バブル経済とその崩壊、デフレ、東日本大震災と原発事故、第二次安倍内閣といった流れを辿っています。このふたつの流れを対比してみると、私たちに歴史の符合というものが明らかになります。戦後日本は豊かさを達成し、日本のようになりたいと、たくさんの国々から垂涎の的にされてきました。しかしこの二〇年にわたって日本経済がさまざまな困難を嘗めてきた中で、社会的ヴィジョンがぼんやりと薄れていくようになりました。そして今、あたかも明治四〇年代以降の天皇制国家が、薄れていく社会的ビジョンの空白を埋めるために、新たな国家的ヴィジョンを上から強制しようとしたのと同じようなことが、第二次安倍内閣の中で進められつつあるように思えてなりません。

考えてみると、今年は夏目漱石が『心』を著してから一〇〇年です。そこに描かれているのは、空白であり虚偽です。国家が持っている自分たちの社会的ヴィジョンが達成された後の空虚感が、その作品の中には横溢しています。日露戦争期には「坂の上の雲」を目指しそれを達成したと思われた日本ですが、その実態は富国強兵どころか貧民強兵でしかなかったということがほどなく明らかになっていきました。そして、足尾などでは暴動が生じ、大衆はさまざまな反乱を起こすようになりました。こうして都市のインテリの間では空虚感が広がり、漱石が描いたような高等遊民、煩悶青年が出てきたわけです。では、この時期の国家は何をしていたのか。それは「戊申詔書」*という天皇の詔勅を出し、上も下も皆が一心となって国民道徳をもう一度鍛え直していかなければならないという、国家による垂範をすることでした。

今、安倍政権が義務教育と称した道徳教育に熱を上げていることは、皆さんご存知でしょう。このように、社会的ヴィジョンが喪失し空白を埋めねばならない時に、日本の国家は必ずと言っていいほどに、天皇の名によって上から道徳を垂れるのです。関東大震災が起きたのと同年の一九二三年には、「国民精神作興に関する詔書」が出されています。これもまた、国民あるいは国民精神というものがどうあるべきかを、国家が天皇の名によって垂範するものでした。こうした国家のやり方について、隅谷先生は次のように書いています。

> 天皇個人は形骸化されながら、天皇制は政治的のみならず心情的にかえって日本を強力に支配するという逆説が、ここに成立したのである。それこそ第二次大戦前における天皇制の存在形態にほかならなかった。
>
> （「日本の社会思想——近代化とキリスト教」『隅谷三喜男著作集』第七巻、八五頁、岩波書店）

この隅谷先生の指摘をなぞるように、現在の安倍政権が文科省を中心として道徳教育に狂奔し、学校教育や教科書において上からの垂範を垂れていることは、決して歴史の偶然ではありません。戦後七〇年という時間を経る中で、日本は国家の目標というものをある意味では失いました。さらに今、社会的なヴィジョンが廃れていく中で、明治末から関東大震災にいたるまでの歴史的プロセスで起きたのと同じことが、現在の安倍政権によって形を変えて再登場しつつあるというふうに、隅谷先生の指摘からは類推せざるを得ないのです。

先生は、戦後という時代経験をエクソダスとして考えました。ですが現在の日本は、明治後期以降の時代がそうだったように、いわばエジプトへと回帰しようとしています。先生が今の日本を見たならば、あの隷従の檻の中にもう一度帰ろうとしているときっとお考えになったことでしょう。

時の流れを見すえて

先生は八〇年代の末に、ある文章の中でこのような指摘をしています。

私が戦後始め《（ママ）》て書いた小さな本は『近代日本の形成とキリスト教』*と題する、明治前期のキリスト教を社会史的視角から分析したものであったし、次に書いたのは『日本賃労働史論』*という近代労働者の形成史であった。（中略）明治のキリスト教も、労働者の形成も、現代を解く鍵の一つをそこに見出そうとしたからだ、と言ってよいであろう。

（中略）このようなことを書いてきたのは、実は私の最大の関心が現代の日本の動きにあるからである。日本人は、はっきり自覚はしていないとはいえ、芯の所では伝統的なものにしっかり縛られてはいるが、そうした芯の中にある性格もあって大勢として時の流れに流され易いのではないか。だが、昨今の日本の流れに安易に流されていってよいのか。戦前の激動の時の流れと、ある面で似た動きが私たちの前で展開しているのではないか、時の流れを見すえていなければならない、そういう思いがしきりに頭の中をよぎるこの頃である。*（『時の流れを見すえて』一〇頁、一九九一年、岩波書店）

このように八〇年代の終わりから九〇年代にすでに、今の日本の動きをあたかも予言したかのような指摘をしている、これは隅谷先生の先見の明だとあらためて思わされます。さらに、最後に先生はこのように指摘されています。

中曽根前首相の言う戦後政治の総決算が〈出エジプト〉まで含めた総決算、エジプト回帰に帰着することを私は恐れる。今日、我々は敗戦のあと何を考え、何を批判し乗り越そうとしたのかを、もう一度しっかり見直し、歩みを誤らないようにしたいと思う。〈出エジプト〉の決断と決定にいい加減な点があったとすれば、それをも含めて、今日手おくれにならないうちに、よく考えたいと思う。*

（『時の流れを見すえて』四三―四四頁、岩波書店、一九九一年）

先生はすでに、ここまで見抜かれていたのです。

つまり、戦後政治の総決算ともいうべき現在の日本の状態を、もう一度あのエクソダスの復初にまで戻って考えようと、先生はラディカルに提唱していました。とりわけ、明治後期から一九二〇年代の動きと、八〇年代の末から九〇年代の日本の動きとが、重なり合って先生の歴史的イメージを形成していたのではないかと、先生の著作からはうかがうことができるのです。

個人的なことではありますが、私は自分の通っていた高校で夏目漱石がかつて教鞭をとっていたということなどから、漱石という人に私淑してその著書を読んできました。しかし最近、漱石が指摘していることと隅谷先生が指摘していることが実によく符合することにあらためて気づかされ、驚きを覚えています。隅谷先生が日本の一〇〇年の歴史、中でも戦後そして八〇年代末以降の歴史をしっかりと見つめていたことに、その著書や言葉に触れる度に気づかされ、瞠目するのです。

集団的自衛権

さて、問題にすべき目下最大のテーマは、集団的自衛権でしょう。一執行権力にすぎない内閣の、一人の首相の判断によって、日本の最高規範である憲法の根幹がいかようにも変えられる事態は、かつてのワイマール共和制からナチスドイツにいたったプロセスと酷致していると言っても過言ではありません。また副首相にあたる人物が、自らそれをほのめかすような言葉を吐いたことも、皆さんご存知の通りです。これは憲法の破壊であり、行政権力というよりは執行権力による、事実上の独裁に等しい行為というべきでしょう。どのような理由によるにせよ、これが目指すところは戦争ができる国に他なりません。国防軍という名の実力組織を海外に出したいという狙いのために、集団的自衛権に関する憲法解釈を時の執行権力が改変するということが、今起ころうとしているのです。

先生はこれに似た状況を、「経済大国から軍事大国へ」というエッセイの中で次のように指摘しています。

デタントの中で、この軍事力をもって日本は何をしようとするのか。アメリカの軍事費削減を補完しようという意図以外に、何を考えうるのであろうか。もしそうであればデタントへの妨害行動以外の何であろうか。日本はもう一度その軍事力をもってアジアで、更には世界的に、発言の場を持とうとするのであろうか。それは国際平和のため、武力による威嚇は永遠に放棄することを誓った憲法の趣旨に反することになる。*

(『時の流れを見すえて』一〇五〜一〇六頁、岩波書店、一九九一年)

先生はこのようなことをすでに八〇年代末に指摘していました。先生が本日五月三日にもしもここに立っていたとしたら、きっと八〇年代末のご発言を思い出しながら、現在の非常に深刻な状況について語られたことでしょう。

歴史のアムネジア*

そして、先生のさまざまな業績から我々が考えるべきは、歴史をめぐる問題です。戦後五〇年である一九九五年に、アメリカの保守系の雑誌『タイム』が日本小特集を掲載しました。「歴史のアムネジア——歴史との戦いは終わったか」というタイトルでしたが、私はそれにいたく胸を打たれました。アメリカの保守系の考えを反映するような雑誌が、我々がまさに取り組むべき歴史のアムネジア、歴史の記憶喪失について触れて、日本特集を組んでいるのですから。

現在の安倍政権が目指し、その周りにいる多くの人々が主張して止まないこと、それは一言で言えば、東京裁判史観を打ち砕くことに尽きます。かれらにとって、東京裁判史観は自虐史観に他なりません。つまり、東京裁判すなわち極東国際軍事裁判は、勝者による敗者の一方的な裁きであって否定されるべきである。日本はそのトラウマを払拭し、戦前の日本についての物語を自らで語るべきであるというのが、安倍首相やそのブレーンの胸中深くにある歴史観なのではないでしょうか。

歴史問題の根幹にあるもの

日本は一九五一年に調印されたサンフランシスコ講和条約で、全面講和ではないにせよ、国際社会に復帰しました。ですがそのためには、極東国際軍事裁判の結果を受け入れることが大前提でした。その結果として、サンフランシスコ講和条約の調印と同時に、日米安保条約が結ばれたのです。私はこれまでに、日韓・日中間の歴史問題の根幹をなすのは、日韓・日中関係ではなく日米関係なのだと、さらにその背景をなすものは東京裁判をめぐる両者の角逐なのだと、何度も考え発言してきました。東京裁判をめぐる日米の角逐の帰結として、日韓・日中の歴史をめぐる対立が起きているのです。

では現在、私たちは東京裁判についてどう考えるべきでしょうか。東京裁判は、中国や韓国や植民地支配を受けた国々にとってどういう意味があったのでしょうか。あるいは、そこには何が不足していたのでしょうか。その後、ベトナム戦争をはじめ世界で起きた残虐な戦争や戦争犯罪を裁くうえで、東京裁判はどんな意味を持つようになったのでしょうか。今般の靖国神社の参拝や日本軍「慰安婦」をめぐる問題では、東京裁判史観を否定しようとする動きに対して、アメリカからもかなりの違和感が表明されています。ここには、依然として歴史問題の根幹が封印されたまま、日米同盟の深化だけが進んでいるという皮肉な事態をうかがい知ることができるでしょう。

現在の歴史認識や摩擦、歴史問題の根幹はいずれも、東京裁判史観をめぐる問題の中に隠されています。その問題の副次的な作用として、河野談話*や村山談話*は捉えられます。ですから、この問題をめぐって日米当局の間にズレが生じ、日中・日韓の間にも大きな齟齬があるのは、いまなお必定の事態なのです。

考えてみれば、これらは第二次安倍内閣の中で突如浮上してきた問題というわけはありません。一九八二年には第一次教科書問題が起き、教科書の記述に関しては国際理解や国際協調に配慮することを定めた近隣諸国条項*が作られました。さらに一九八六年には、「日本を守る国民会議」が作った教科書『新編日本史』をめぐって国際問題に発展しました。この時は、当時の中曽根内閣の藤尾文部大臣を最終的に罷免することで、日中・日韓の教科書問題・歴史問題をめぐる深刻な状況がひとまずは落着しました。

　つまり、歴史認識の問題は、何十年もの積み重ねを経て今日に至っていると考えなければなりません。それは、東京裁判史観を根こそぎ形骸化させたいという力が戦後日本の中で途絶えることなく生きてきたということでもあります。それこそがエクソダスを否定し再びエジプトに回帰しようとする動きであり、この動きが連綿と続いてきたものであることを、隅谷先生ははっきりと認識されていたのではないでしょうか。

　確かに、現在の中国に大きな問題があることは否定できません。また韓国にも、さまざまな国内問題があります。しかし、日中関係・日韓関係がこれほど険悪になりさまざまな対立が起きていることは、戦後日本始まって以来の大きな危機的状況だといえます。この流れは隅谷先生が望まれた「隣り人としてのアジア」、その人々と共に生きるということとは全く違った方向に歴史が動いているとしか言いようがないのです。このような時だからこそ私たちは、隅谷先生が残されたさまざまな学問的著作や発言、あるいは時事折々のアクチュアルな記事から、現在の自らの状況を考えていくための手がかりを得られるのではないでしょうか。

隅谷先生の遺産を受け継ぐ――戦後の日本が創りだした価値を守り選び直す

では、私たちは隅谷先生の遺産、レガシーを受け継いで何をなしたらいいのでしょうか。これについて、私自身が考えていることを少しお話ししたいと思います。

隅谷先生は、当時は事実上スラムのような状態だった東京の麻布谷町で幼少時代を送られました。また、早くして結核、肋膜を患った先生は、自分の病気との闘いも強いられました。そして、後には癌に侵され、何度も死線をさまよわれました。その中で先生は、人間存在の総体をどうすれば捉えるかということを常に問い、そこに社会科学がどこまで接近でき、どんな限界を持つのか、そのために信仰はどうあるべきなのかを考え続けました。先生はカール・バルトやパウル・ティーリッヒに影響を受け、弁証法神学に大きな価値を見出されていたそうです。そして、戦後の日本が創りだした価値を守りながら、自由で平等に人々が共生できる社会をいかに目指すべきなのかを、倦まず弛まず常に問い続けられたのです。

私は、先生のレガシーを受け継がねばならないと考えています。つまり、どうすれば、個人の自由が尊重されつつも、同時に大きな社会、強い社会を形作ることができるのか。あるいは、小さな国家にあって、人びとが多様な形で支え合える社会をどのように作ることができるのか。先生が理想として考えていたこうした社会像を、現代に生きる私たちが継承して考えていかねばならないと思うのです。

隅谷先生は「情報過多と情報過少の悩み」*（『時の流れを見すえて』岩波書店、一九九一年）というエッセイの中で、現在の特定秘密保護法にあたるような問題について、情報の過多と情報の過小ということが同時方向的に起きる社会の恐ろしさといった側面から、自らの体験に基づいて的確に論じられました。人間の自由が毀損された時に何が起きるのか、先生は身を持って体験されていたのです。

戦後日本が得たもの、それは個人の自由です。そして、個人の自由に基づいて多様な価値を認め合い、共存しあう社会、それを支える法的な理念がいわゆる立憲主義です。個人の自由を可能な限り尊重し、それを保護する自由主義と立憲主義、そして民主主義を多様な制度を通じて実現することこそが、戦後日本が目指した社会の理想像だったのです。

二〇一一年三月一一日に明らかになったことのひとつは、家共同体、地域共同体の解体でした。戦前の天皇制国家をもっとも悩ませた家共同体、村落共同体の解体、戦後はこれがすさまじい勢いで進みました。やがて過疎地域が現れ、その果てに起きたのが東日本大震災だったのです。ところが現在も人口は都市に集まるばかりで、二〇二〇年に開催されるという東京オリンピックを中心に「東京にあらずんば人にあらず」と言っても過言ではないような一極集中状態が続いています。そういう中で、弱い個人はどこに行けばいいのでしょうか。

弱い個人をしっかりと支える強い社会、さまざまな中間集団が多元的なネットワークを作ることで人びとを支え、また人々に支えられていく、そういった新しい社会が必要なように思います。その上でこそ、貧困や教育や交通や医療などに関わる国家の公共的な役割について議論し、それを構想することができるでしょう。三月一一日を分水嶺として、日本国憲法を改めて選び直すことによって、どのような社会と国のあり方を創造することができるのか、これは先生のレガシーとともに我々に問われる、大きな課題の一つなのです。

近隣アジア諸国と隣り人の関係を創る

第二番目は、隅谷先生が最も心を砕かれた問題、近隣アジア諸国といかにして隣り人の関係を創っていくのかということです。病床でも一度も忘れることなく、近隣アジア諸国の運命に心を砕き、発言し、著作を残しました。私は先生を知るにつけて、このような働きには、本当に心から尊敬せざるを得ません。また、先生のような人が血のにじむような努力をしてきたからこそ、近隣アジア諸国、とりわけ中国や韓国との関係が、ここまで進んできたのだと思います。しかし、そのような友好関係を壊すことは、一朝一夕にすぐにでもできてしまいます。友情を壊すにはほとんど力がいらないのです。ただ言葉の暴力のみによって、このような関係が脆くも崩壊するということを、私たちは知らなければいけないのです。

どうすれば日本は近隣アジア諸国との関係を創ることができるのか、私たちはこのことに取り組まねばなりません。その時に、思い出されるのは、旧・西ドイツの首相ウィリー・ブラントが六〇年代から七〇年代にかけて行った東方政策、自分たちと袂を別った東ドイツや東欧そして旧ソビエトとのデタントを進めた東方外交に学ぶことができるでしょう。逆に言えば、それと同じことを、なぜ戦後の日本はできなかったのでしょうか。残念なことと言わざるを得ません。

日米安保という二国間の関係だけに頼り切った日本の国のあり方が、近隣アジア諸国との関係をいびつなものにしてきたのは、疑いようのない事実です。ブラントは真の意味での和解を求めて、あのワルシャワのゲットーの前で額ずきました。たとえそれが政治的な策の一つだったとしても、結果的にブラントは、多くのポーランド人の心を開くことに成功したのです。

ところが、このような和解は日中や日韓の間では今なお一度も行われていません。日本が今後東アジアで東方政策にも等しい真の意味でのブラント外交を進めていってほしいと、私はかつて民主党の人々に伝えたことがあります。しかし、残念ながら民主党政権はその後泡のように消えてなくなりました。

現在の安倍外交が目指しているもの、それは新富国強兵の政策です。そして対外的には、価値観外交、すなわち自らの体制と違う社会や人びとを囲い込み、場合によってはレジームチェンジをも強いていくような、デタントとはおよそ真逆の政策を取っているように思えてなりません。その中で、北朝鮮、韓国、中国と日本の関係を草の根レベルからどのように切り開いていくべきなのか、それは、隅谷先生から伝えられた未完の課題なのです。先生の遺志を受け継ぎながら、この近隣アジア諸国との関係についてこれからも考えていかなければならないと思っています。

キリスト者として時代と関わる

最後に、隅谷先生はキリスト者として何を考えられていたのでしょうか。晩年、先生は自らの寿命が決して長くないことをおそらく悟られていたのだと思います。先生はこのように述懐されています。

永遠とは何か、時間をどれほど延長しても〈永遠〉ではない。〈永遠〉とは時間とは異質の世界である。私は単純化していえば、時間の世界を水平な軸、永遠にかかわる世界を垂直な軸と見、この二つの世界の接点で〈生〉を考えるべきではないか、と考えるようになった。私はこれを座標軸と呼ぶ。現代人は思想を置き忘れ、垂直な軸を見落として生きているのではないか。座標軸のない人生はどこに動いていくか。意識しないで、時には時間を超越したとさえ考えて、逆に、水平な軸上の流れのままに流されて生きることになるであろう。*

(『激動の時代を生きて』二〇〇頁、岩波書店二〇〇〇年)

この垂直な軸とは恐らく、死と共に現れる神の啓示ということだと思います。私の好きな作家の夏目漱石は、朝日新聞に最初に連載した『虞美人草』の中で最後にこういう言葉を残しています。「悲劇は喜劇より偉大である。これを説明して死は万象を封ずるが故にまさしく偉大である」。三月一一日には、二万人近くの行方不明者と死者が出ました。そのことに対して、たとえ規模は違っても、一九四五年八月一五日を迎えた時と同じような気持ちを抱いて日本の再建に励むことができるのではないかと、先生の言葉からは思わされます。

残念ながら今の日本社会は安倍内閣になり、あたかも三月一一日と原発事故がなかったかのようです。いやむしろ、安倍首相のいう第三の矢とは原発の輸出と軍事産業によって成り立つものなのではないかと思えるほどに、これまで日本がずっと維持してきた、さまざまなそして最後の箍《たが》が外れようとしています。死の商人となって第三の矢を放つことによって日本経済が潤っていくのかと考えると、これは隅谷先生が見いだした戦後日本のエクソダスの歴史とは全く違う方向に向いていっていると思わざるをえません。このような時にあって、私自身、そして皆さんもともに、しっかりと目を覚まして第二次安倍内閣の行方を見つめ、それぞれに行動していかなければならないのではないでしょうか。

船戸良隆

隅谷三喜男先生の召天一〇周年の記念講演会にお招きするのにもっともふさわしい、姜先生にお話をしていただきました。もう一度盛大な拍手をお願いいたします。

その後、隅谷先生の映像を上映

・ビック対談「私たちはいま、どこにいるか――主体性の再建」（大江健三郎氏との対談）（隅谷先生七一歳）

・新春対談「科学の世紀を生きる～宗教・人生」（隅谷先生七二歳）

・特報首都圏「成田シンポジウムの一年～対決から対話へ」（隅谷先生七六歳）

鼎談

和田春樹（東京大学名誉教授）
加山久夫（明治学院大学名誉教授）
姜　尚中（聖学院大学学長）

肩書きは当時

船戸良隆
それではこれより鼎談に移ります。さきほど姜先生のすばらしい講演を拝聴し、隅谷先生のビデオを見ましたが、これらについて和田先生、加山先生からコメントをいただきます。隅谷先生についても、また先程の姜先生のご講演についても、ご自由にご発言ください。では、和田先生からお願いいたします。

コメント1　和田春樹――「慰安婦」問題での和解と日朝関係改善を求めて

隅谷先生との出会い

和田でございます。まずは隅谷先生について、私が一番忘れることのできないことを、少しばかりお話しさせていただきます。私が隅谷先生のことを考えると、一九九八年の春、社会科学研究所の所長室に隅谷先生が前触れなしに立ち寄られた時のことが頭に浮かびます。先生はその時八二歳でした。

先生が東大にいらしたころ、先生は経済学部長、総長特別補佐をされており、一方私は隣の研究所の助教授で、お話しすることもありませんでした。ですが七〇年代に入ると、韓国民主化運動と連帯する活動の中で、キリスト教会の代表的な知識人である先生と一緒に声明を出すなどする機会を得ました。特に八〇年代末、日本と北朝鮮との国交交渉を求める運動では、安江良介*さんとともに先生も私も世話人となって働くようになったのです。それでも先生は、私にとって遠く高い存在でした。そしてここでは、九八年のあの日先生と会いまみえたことの意味、そして今なお私たちが先生から学ぶべきことをお話しするため、少し時代を遡って九〇年代の私や先生の行動について振り返ってみたいと思います。

「慰安婦」問題とアジア女性基金*をめぐって

九〇年代当時、私は、「慰安婦」問題への対処をめぐってアジア女性基金に参加していました。しかしその結果、安江さんとも隅谷先生とも、日韓のキリスト教会の方々とも対立することになってしまいました。皆、「慰安婦」制度の被害者女性への国家補償はできないと言い続ける日本政府に対して怒っていたのです。

アジア女性基金とは、日本政府が法的責任をとれという韓国挺対協（韓国挺身隊問題対策協議会）*などの運動団体の主張は受け入れない一方で、河野談話に基づいて道義的責任を認めて謝罪し、政府と国民の協力で償い事業を行うという、政府経営の財団法人でした。今になって見れば、日本政府の姿勢は非常に問題であり、アジア女性基金の事業のコンセプトには致命的な欠陥があったことがわかります。九五年に事業が始まる前から、同基金は民間基金によって「見舞金」・「慰労金」を出すものと新聞に書かれ、「償い金」について説明することに失敗したのです。何より致命的だったのは、首相のお詫びの手紙を差し出しながらも、「償い金」は民間からの募金だけで賄い政府からは何も支出しませんと、被害者ハルモニ（おばあさん）に通告してしまったことでした。その結果、被害者のハルモニが基金の受け取りを拒絶するという声をあげた気持ちは、十分に理解できます。

しかし実は、当時の日本政府と官僚たちは伝統的な法慣例と政策体系に縛られていました。村山富市と五十嵐宏三という社会党員の総理大臣と官房長官をもってしても、小さな変化を作りだすことができただけでした。そのわずかな変化の結果が、アジア女性基金だった

和田春樹氏

ことは、認めざるを得ません。ですが、そうした実情を理解しないで革命的な要求を出しても、日本政府の体質を変えることはできません。対策としては不十分でも、国民基金を受け取りたいという被害者が出ればその姿勢自体は支持しつつ、他方ではより高水準での解決を求めて運動を続けるといった、漸次改善に向かっていく態度をとってもらえないか、そうし

たことを私は、挺対協とキリスト教会の方々に伝えたいと思っていたのです。

しかし、その対話は成立せず、対立はますます厳しいものとなっていきました。ですから一九九八年のあの日、所長室に入ってきた隅谷先生から「和田君、『慰安婦』問題はどうなっているのだ」と聞かれた時、私は雷に打たれたような気持ちになったのでした。このとき先生は、アジア女性基金をめぐる対立を心配し、その火中にあえて一歩踏み込んで、私たちに救いの手を差し伸べてくれたのです。私は、新しく起こっている複雑な状況について、先生に夢中で訴えました。

当時、二月に発足した金大中政府が、アジア女性基金の償い事業を受け入れない被害者に三、一五〇〇万ウォン、日本円にして三〇〇万円相当の支援金を支払うと決めたために、アジア女性基金の取り組みは窮地に陥っていました。これは、「慰安婦」問題が日韓関係の発展の障害にならないようにしようという考えの下で提案されたものですが、同時に、アジア女性基金を受け入れる方向にハルモニたちが傾くのを防ごうという挺対協の働きかけの結果でもあることは明らかでした。さらに韓国政府はアジア女性基金に対して、償い金の支給をストップして、歴史の教訓を伝えるために慰霊塔や記念館の建設などを行う事業へと転換することを求めました。しかし実際は、この一連の措置こそがお金をめぐる一層の混乱や争いを引き起こしかねなかったわけです。アジア女性基金の方針転換も一案ではありますが、根本的な対立が続く下では、意味ある転換もできなかったのです。

私は隅谷先生に、挺対協の人々と話し合いができないと訴えました。私の話を聞かれた先生は、自分に何かできるか考えてみようと言って帰られました。その後長い間、先生から連絡はありませんでしたが、先生は九八年の一年間はそのことをずっと考えられていたようです。一〇月になって、金大中大統領と小渕首相との間で日韓共同宣言*が出されるという画期的な出来事がありました。そしてこのころ隅谷先生は、新しい日韓関係のために、「慰安婦」問題での対立を解くために行動すべき時が来たと判断されたのでしょう。池明観*先生と呉在植*さんの二人に連絡を取ってくれたのです。私は実は、尊敬するこの二人の先生に、九七年に二度にわたって公開書簡を送るという行動を取ってしまい、それ以来対立した状態にありました。しかし、隅谷先生の促しに対して、池明観先生が「これは、一度は話し合いをしなければならないだろう」と応えてくれたのです。

九九年一月には、挺対協から隅谷先生に返事がありました。そして先生は、三月には韓国に行ってさらに手順をまとめてくださいました。先生は、話し合いは三回行わなければならないと主張され、自らがすべての討論に立ち会うと決意してもいらっしゃいました。一九九九年五月一日には、ソウルで第一回の話し合いが行われましたが、このとき隅谷先生は自らの費用でソウルへと向かわれたのです。話し合いには、アジア女性基金から大沼保昭*、高崎宗司*、橋本ヒロ子*、私の四人、挺対協から尹貞玉*先生、金允玉*、池銀姫*の三人の代表と梁美康*総務、そして立会人として呉在植さん、金聖在さんが参加されました。六月には、東京で同じ顔ぶれで第二回の話し合いを行いました。討論は全体で一〇時間行われ、参加者の間の人間的な理解が進みました。ただ議論の内容面では、法的責任を認めたうえでの謝罪と賠償を求める挺対協の立場と、道義的責任を認めて謝罪したという日本政府の姿勢に基づいた償い事業であるアジア女性基金の立場との差は縮まりませんでした。隅谷先生も議論の整理を行い合意にこぎつけられるように努力してくださったのですが、それもついに実りませんでした。先生は第三回目の会合を行うべきだと主張されましたが、挺対協側はソウルに戻ってから考えると言い、そこで事実上会合は打ち切りとなりました。

　あの時、隅谷先生は話し合いで対立を乗り越える道を見つけるべきだと、はっきりとお考えになっていました。それがどんなに困難なことだろうと、元「慰安婦」のハルモニのためにあなたがたはそうすべきではないかと、先生は討論に参加した双方に迫っておられたのです。その後、アジア女性基金は二〇〇〇年に事業を終え、二〇〇七年に解散しました。運動体の側は「慰安婦」問題の立法解決に望みをかけましたが、それを推進する動きの主力をなした議員が属する民主党が政権をとっても、立法解決は提起すらできず、その道は閉ざされていることが明らかになりました。

今、安倍第二次政権の下、日韓関係はかつてないほど険悪になり、本当に胸痛む状態です。そこでは、韓国大統領の強い主張もあって、「慰安婦」問題が日韓間で問題として焦点化されています。安倍首相の心中の思いがどうであれ、いまこそ朴槿恵大統領の要請を受け入れて「慰安婦」問題の解決に向かうべき時ではないでしょうか。そのためには、被害者のハルモニが望み、挺対協などの韓国の運動団体や、日本の運動団体が支持でき、日韓のメディアや知識人も合意し、さらには韓日の外務省が実行できる解決案を見つけなければなりません。隅谷先生が一九九九年の春に求められた真剣な討論の第三回、和解のための合意を作り出すための最後の討論を行うべき時です。すでにアジア女性基金は過去のものになっていますし、それを乗り越えていくことも可能でしょう。九九年春のあの時に知った隅谷先生の心とその人間的な力を、私はいま再び思い起こしています。

日朝国交交渉再開を求めて

九九年の秋、日朝国交交渉再開を求める気運の中で先生と私は声明「今世紀のうちに日朝国交交渉を軌道に乗せ、緊張緩和への転換を図ろう。」を発表、これを推進すべく、岩波ブックレット『日朝国交交渉と緊張緩和』（一九九九年）を共同で編集・出版してすべての国会議員に送りました。そして二〇〇〇年七月には、国会議員を引退することになった村山富一元総理を会長として、日朝国交促進国民協会*を設立しました。先生は三木睦子さん、明石康さんとともに副会長に就任し、私は事務局長となりました。先生のお働きにより、鈴木伶子日本キリスト教協議会議長は理事に就任、設立集会では設立宣言を朗読してくださいました。

先生は八七年、九九年に北朝鮮を訪問されていましたが、二〇〇〇年一一月には、病を抱えた身で国民協会の訪朝団に参加されました。先生は朝鮮植民地支配に対する謝罪補償があくまでも必要だとお考えになり、北朝鮮と日本の関係を変えることを長く主張されていました。この問題が、先生がその生涯の最後に取り組まれた問題だったのです。二〇〇二年九月初め、先生は山荘から、国民協会のニュースに最後となる文章を寄せています。「日朝関係を冷静に語れない根深く残る問題を一つひとつ解決していく気運が定着することを願っています。日朝関係の改善のために、東北アジアの平和のためにどうすることが望ましいかを考えて、人びとがさらに決断を早めてくれるように希望するものです」。小泉首相の訪朝の直前の闇の中で書かれたこの言葉は、今日の私たちがなすべきことを促す隅谷先生の遺言であると私は思っています。

船戸良隆

日韓・日朝関係の改善に最も熱心に取り組んでこられた和田先生から大変貴重なお話を伺

郵便はがき

料金受取人払郵便

小石川局承認

6313

差出有効期間
2026年9月
30日まで

112-8790

105

東京都文京区関口1－44－4
宗屋関口町ビル6F

株式会社　新教出版社　愛読者係
行

<お客様へ>
お買い上げくださり有難うございました。ご意見は今後の出版企画の参考とさせていただきます。

ハガキを送ってくださった方には、年末に、小社特製の「渡辺禎雄版画カレンダー」を贈呈します。個人情報は小社、提携キリスト教書店及びキリスト教文書センター以外は使用いたしません。
●問い合わせ先 ： 新教出版社販売部　tel　03－3260－6148
email : eigyo@shinkyo-pb.com

今回お求め頂いた書籍名

お求め頂いた書店名

お求め頂いた書籍、または小社へのご意見、ご感想

お名前	職業

ご住所　〒

電話

今後、随時小社の出版情報をeメールで送らせて頂きたいと存じますので、お差し支えなければ下記の欄にご記入下さい。

eメール

図書購入注文書

書　　　名	定　価	申込部数

うことができました。ありがとうございます。
では次に、加山先生お願いいたします。

コメント2　加山久夫——私たちは何を隅谷先生から学ぶか

座標軸を生きる

加山です。今日、姜先生のお話にもあったように、戦後民主主義、平和憲法はいま最も危機的な状況にあります。このような状況の中で、隅谷先生なら何を考え、何を望まれるだろうかと私はしばしば考えます。皆さんも同様ではないでしょうか。隅谷先生は、しばしば「座標軸」ということを語られました。戦後日本は経済成長に成功しましたが、しかしその後、八〇年代の終わりからバブルが弾けて危機的な状況に陥りました。その中で隅谷先生は、真の危機は思想の液状化現象であると、日本社会の思想的空洞化を非常に厳しく指摘されていたのです。国会議員も、学者も、一般の日本の国民も、日本の市民社会が等しくそういう危機に瀕しているとしばしば述べておられました。そのように語られる先生の姿そのものが、私たちから見ますとまさしく「ぶれない座標軸」だったと思います。先生は、激しい変転の時代を生きられましたが、その中でも先生は、時代が抱える問題に果敢に向き合ってこられました。それだけに、その座標軸を失ったことは私たちにとって大変大きな痛手です。

しかし、自ら座標軸となって活躍された先生ですが、その働きの中にはもう一つの座標軸があったとも思います。すなわち、隅谷先生自身の中にあり、その働きを支えたもう一つの座標軸です。先生はしばしば十字架をシンボルとして、横軸と縦軸という表現を使って語っておられました。いわく、縦の垂直軸とは神の絶対性を意味しており、横軸とは私たち人間の問題状況を表しています。隅谷先生は横軸の人間の問題状況の中に自ら飛び込みつつも、垂直軸を常に保つことによって、絶望せずに諸問題を相対化し、いつも泰然自若としておられました。大江健三郎さんの言葉を借りれば、「毅然たるユーモア」を持っていらっしゃったのです。「毅然たるユーモア」とは、隅谷優子夫人が先生を評した隠喩的表現「聖書が着物を着て歩いているような人」に通じるものがあります。それらは、一見別の表現のようであっても、私の理解では、両者には共通性があるように思います。先生は若い時から、十字架を負うことがキリスト者としてのご自分の生き方であるとして、その上で復活の信仰をいつも持っていました。死は究極の終わりではなく、それを乗り越える神の働きに、先生は身を委ねていたのです。そこに隅谷先生のユーモア、作家の椎名麟三さんが「神のユーモア」

と呼んだものがあったのではないでしょうか。

したがって、先生の中の座標軸は、三層の構造によって成り立っているのではないでしょうか。すなわち、神と人間、信仰と学問、信条と実践、です。隅谷先生は、それらを分離せず、むしろ統合させた稀有な人だと思うのです。先生はこの座標軸を自らの中に保ちつつ、戦時下の鞍山で中国人労働者に寄り添い、その人々が人間らしく生きられる環境をなんとか提供しようと一生懸命に考え実践されました。そのときの思索と実践は、後の隅谷先生の労働経済学の中に、さらに深く広く結実していったのです。

戦後の先生の歩みの中で

旧満州での原体験から出発した先生は、戦後、社会人としての再出発にあたって考えたことをこう述べておられます。

戦争が終わった時、自分の演じた役割を反省した。もう一度アジアにおける日本の役割は何だったのか。何をすべきだったのかを考え直してみようと思い経済の勉強を始めた。私のアジアに対する関心は戦争直後からかなり強くなってきた。

（『アジアの問いかけと日本――あなたはどこにいるか』（聖学院大学出版会、一九九四年）二二〇頁）

先生がそのような思いで大学での研究と教育に携わり、役職や学内行政の責任が次第に増していく中でも、多くのことを実践し、さらに政府から要請されてさまざまな諮問委員会などでも責任を担われたことは周知の通りです。これに加えて、先生は個人として、またひとりの市民として、国際平和の実現のために多くのことをなさいました。世界平和軍縮二十二人委員会、反核運動連合会、世界平和呼びかけ七人委員会、世界平和構想懇談会、日中歴史協議会、朝鮮問題懇談会、日朝国交促進国民協会、東方学術交流協会、NCCアジア資料センター、日本キリスト教海外医療協力会、アジアキリスト教教育基金など、枚挙に暇がありません。これらはすべて、隅谷先生が具体的に残された足跡なのです。そこで私は今日、姜先生のお話も踏まえて、「私たちは何を隅谷先生から学ぶか」を自分なりに四点にまとめてお話ししたいと思います。

平和憲法を守る

まず一つ目は、平和憲法を守るということです。本日五月三日にこの集いが開かれていることは不思議な摂理だと思います。隅谷先生は、『世界』（岩波書店）という雑誌の一九九一年五月号で、『いまこそ積極的平和論を』と題してある政治家と対談しておられます。その中で先生は次のように言われました――。

日本が経済大国になり世界的な責任を持った時と、その前の弱小国として、もう二度と戦争をしたらだめだ、平和憲法でやっていくのだという時とは、状況が全く変わってしまっているんです。前の時は、平和憲法を守る姿勢、守勢で平和という問題を考えればよかった。（中略）状況が大きく変わって、日本の責任がアジアに対して、世界に対して大きくなった時に、平和の問題を改めてどう展開しなければならないかということについて、国民もいままで考えてこなかった。（中略）日本人は人間としてのあり方において経済を超えた幅を持ち、社会的にももう少し幅を持って世界を見る、そういう姿勢を持つことだと思っています。そうならないと積極的平和論は築かれず、依然として経済ばかりに全力投入する姿勢は変わらないでしょう。これは政治の責任もあるけれども、国民に、特に経済界の方に考えてほしいと思いますね。

ここで「積極的平和論の構築を」と言っている隅谷先生の言葉と、積極的平和主義を打ち出している安倍首相の主張とは一見すると表現上は似ていますが、内実は全く異なるものです。安倍首相のように戦争ができる普通の国にするということではなく、国際社会の中で平和を創るという日本の役割について先生は熱く語っておられるのです。憎しみや嫌悪が充満する中で、どうすれば互いが隣人になることができるか、どうすれば信頼や和解を創りだしていくことができるか、どうすれば平和を創ることができるか、それが隅谷先生の言われる積極的平和論の中身なのです。それは、安倍首相が言う積極的平和主義とは全く逆の方向にあると言わなければなりません。

東北アジアの平和と共生

二番目は、東北アジアにおける平和と共生の課題です。近代化の当初から今日にいたるまで、日本また日本人は基本的に変わっていない、隅谷先生はこのように繰り返し指摘されています。そして、日本がアジアに無関心で、加害者意識を持っていないことを厳しく指摘しました。日本人には罪責意識がない、あるいは乏しい、先生はこのように繰り返し語られたのです。

例えば朝鮮半島の南北分断は、日本の敗戦に伴い、米国とソ連がそれぞれ南と北から朝鮮半島に入ってきたことに端を発します。つまり、南北分断は日本の三六年に及ぶ植民地支配があったがゆえの問題である、これを先生ははっきりと指摘しておられます。この歴史認識は、私たち日本人には非常に希薄ではないでしょうか。私は最近、ある知識人が「朝鮮半島の南北は停戦協定と文書による合意の上で分断状態にあるのだ」という表層的な歴史認識にとどまっていることを知り、「こんな進歩的な方が」と意外な思いをしたことがあります。しかし隅谷先生は、こういった歴史を深く掘り下げ、日本の戦争責任を正面から見据えた方だったのです。

日本は今、中国・韓国との外交において極めて危機的な状況にあります。それぞれの国にナショナリズムがあることは当然です。現実的な政治の力学や、さまざまな政治的要素が複雑に絡み合っていることも言うまでもありません。しかしその危機の根本にあるのは、日本の歴史認識と罪責意識の問題です。そこに、和解が始まる糸口があるのです。日本はまだ、アジアの人びととの和解を手に入れていないと言わざるを得ません。ですから私は、今日の姜先生の指摘には全く同感です。

加山久夫氏

では、どうすれば和解への道を切り開くことができるのか。この点で私は「隅谷調査団」*からヒントをもらえるのではないかと考えています。「隅谷調査団」とは、正式には「成田空港問題の原因を究明し、その現状を明らかにし、併せて社会正義にかなった解決の道を見出すことを目的とする調査団」です。その立ち上げには国の機関である運輸省と農民側がと

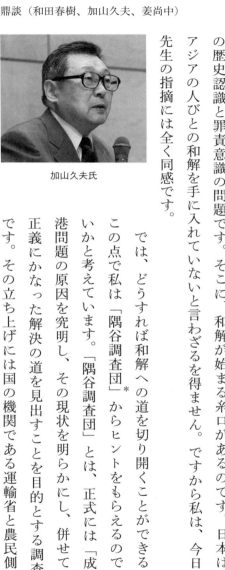

もに同意した点で、現在の中国・韓国との関係とは状況が異なります。しかしこれにより、二五年の長い歳月にわたって血みどろの戦いと憎しみの対立が続いていた状態から和解へと導かれたプロセスを考えた時、現在の私たちもまた、その働きからヒントを得られるのではないかと思います。日中・日韓の和解にあたって隅谷先生なき隅谷調査団をいかに作るのかは難しく、私たちの無力さを感じますが、それは私たちに課せられた責任なのではないでしょうか。

したがって、これから私たちがなすべきことは、いわば「東北アジアの和解不在の原因を究明し、その現状を明らかにし、併せて社会正義にかなった解決の道を見出すことを目的にする調査団」となるでしょうか。調査団ということに抵抗があるなら、円卓会議でもいいでしょう。こういった働きにより、東北アジアの和解と共生を創出したいものです。

アジアのキリスト教会との連帯

さて三番目ですが、隅谷先生の最初の著書は『近代日本の形成とキリスト教』、そして最後の言葉となったのが「中国のキリスト教」（福田佳也編『隅谷三喜男　信仰のことば』日本キリスト教団出版局、二〇〇八年）でした。これは二〇〇三年一月一九日、亡くなる三日前に病院から駆けつけた先生が代田教会で行なった講義だということです。そこで先生は、日本のキリスト教会がもっぱら欧米に目を向けアジアに無関心で無知だったこと、そしてアジアの人びとに対する罪意識が希薄であることを指摘しておられます。一方先生は、自ら中国や韓国のキリスト教と交流し、日本キリスト教協議会を代表して北朝鮮にも訪問するなど、アジアのキリスト教会との連帯のために尽力なさいました。そうした努力の中で書かれたある報告書では、このように語っておられます。「キリスト教会が信仰における一致のゆえに一歩先を歩むことを許されている」。先生は、その一歩先を歩み、和解の道を切り開こうとしたのです。その足跡は、まだ道半ばではありますが、私たちの向かうべき方向を指し示してくれています。これをたどりつつ、東北アジアにおけるキリスト者の連帯を確かなものにしていきたいと思います。

国境を越えたフォーラムを

最後の四番目として、今後さらに隅谷三喜男研究を進め、その人格・思想・実践から学ぶことが重要であると思います。またその学びは、研究のための研究ではなく、行動する知でなければならないと思います。先生は、中国・韓国・台湾・欧米など国内外に、多くの親しい知友を持たれていました。その生きざまに学び、特に東北アジアにおける平和と共生の社会を創るために「私たちは何をなすべきか、隅谷先生から学ぶこと」を問う、より広く国境を越えたフォーラムが開かれることを、私は願っています。

船戸良隆
ありがとうございました。それでは今の二人のご発言に対して、姜先生からコメントをお願いします。

東アジアの和解なくして日本国憲法は実現されない

姜尚中
私はすでに十分話しましたので、私の発言はできるだけ短くして、二人の先生により多くのことを伺いたいと思います。
一点だけお話ししておこうと思います。それは、お二人の先生が共通して指摘されていたのが、隅谷先生には「東アジアの分断への和解がなければ真の意味で日本国憲法というものは実現されない」との思いがあったという点です。もちろん、護憲・改憲という水準で議論することは可能です。ただ、護憲の主張が吉田茂の敷いた政治体制に事実上収斂してしまったことが、今日護憲派の運動が力強さを失い萎えてきている大きな原因ではないかと思うのです。護憲、すなわち憲法を守るという主張は、吉田茂が準備したともいえる自由民主党と

日本社会党の二大政党の対立関係によって実質上は担保されるしかありませんでした。つまり、護憲の主張といわゆる五五年体制とは、矛盾をはらみながらも、実は仲良く共存関係にあったとも言えるのです。そして、その内的・外的な条件が崩れた時、護憲の主張が新しい意味を帯びて若い人々の心を掴むことは、もはやできなかったのではないでしょうか。

　失礼を承知で申せば、ここに今日来られているのは、ごく一部をのぞき、私より年配の方々ではないかと思います。その世代の方々には、護憲の思いは言わずともすでに共有されているものなのかも知れません。しかしかつてのこの国のあり方から全くの断絶を強いられている若い世代には、護憲や平和という言葉が新鮮な響きを持たなくなってしまっているのです。それを私は、非常に強く危惧しています。

　そしてこの議論には、隅谷先生に通じるものがあるのではないでしょうか。日本国憲法の真の意味での実現は、隅谷先生が訴えた東アジアの和解なくしてはありえません。戦後の日本は、沖縄にあれだけの米軍基地を強要することで、その平和と未曾有の経済大国としての地位を達成してきました。一部の基地のある町はそのわずかな例外です。こうした状態を看過しながら、憲法は大切だと主張する、護憲派のそういう議論の立て方が虚をつかれているのです。逆に言えば、日本国憲法はいまなお未完であるともいえます。東アジアが分断されている限り、日本国憲法の理念は依然として実現されていない、こういった考え方が必要なのではないでしょうか。

先ほど、ドイツのブラントの話をしました。もちろん、ドイツと日本では状況が大きく違いますから、これらを一律に論じることはできません。その上で、ドイツ統一が成し遂げられたことの背景として、ヤルタ体制によるヨーロッパの分断とドイツの分断とが結びつけられていたことを確認しておきたいと思います。つまり、ドイツが統一しなければヨーロッパの分裂は終わらないし、ヨーロッパがヨーロッパであるためにはドイツが統一されなければならないというわけです。

それと同じロジックで、日本国憲法が真の意味で実現されるためには、東アジアの和解が必要であり、より具体的には日朝国交の正常化が必要である。このことを、隅谷先生はよく理解していたのだと思います。今日の和田先生のお話は、その経緯に関するものでした。こんなことを言うと非常に失礼なのですが、和田先生は普段はもっとクールな姿勢で話されるのですが、今日の隅谷先生のお話では、万感の思いがこもっていたように感じられました。

日本国憲法が実現されるためには東アジアの和解が必要である。これは日本の問題と東アジア全体の問題が表裏一体の関係であるということです。にもかかわらず現在は、東アジアの問題、そして沖縄をも切り離して、日本列島の四島のみにおいて憲法第九条ないし前文が生かされている状態にあります。日本国憲法の生い立ちを考えれば、この状態は明らかに憲法が未完に留まっていると言わざるを得ません。ですから、憲法と東アジアの和解とが互いに結びついているのだということを、私たちはもう一度考える必要があるのです。

そして最後に私なりに指摘しておきたいのは、韓国も北朝鮮も、朝鮮半島の分断は東アジア全体の分断とそれを乗り越えた和解に通じるのだというロジックをまだ打ち出せていないのではないかということです。とはいえ、金大中大統領は、その萌芽を我々に示してくれた人であったと思います。彼が行った北朝鮮との和解のための太陽政策は、同時に日本に対する太陽政策でもありました。金大中は、あれほど歯を食いしばりすべてを飲み込んだ末に大統領になっても、大統領在任中は日本政府に「慰安婦」問題の真相解明を求めませんでした。代わりに、彼が日本への太陽政策を行ったということは、南北の共存と統一が東アジアの統一と和解につながるのだという論理が、彼の中に一貫してあったことの表れではないでしょうか。私たちもまた今憲法を語る時には、この東アジアの和解なくして日本国憲法は成就されないということを忘れてはなりません。

船戸良隆

和田先生には、日朝国交促進国民協会での経験を踏まえて、今の姜先生のお話にお返事いただきたいと思います。

歴史的な条件が変化した中で選択を迫られている

和田春樹

日本国憲法の成立は、アメリカ軍によって準備されたものであるとしばしば言われます。しかし、これが私たち自身の憲法になったことの前提には、戦禍を経て、戦争と軍隊に反対する気持ちを持った日本国民の戦争体験がありました。さらには、一九四五年九月四日に発表された天皇の平和国家確立の宣言、これもまた前提として忘れるべきではありません。したがって、軍隊を持たない新しい日本、平和国家としての日本を目指していくことは天皇と国民によってすでに合意されているのであり、この合意の上に成り立っているのが日本国憲法なのだと思います。

しかし同時に、ここには沖縄の人びとの戦争体験は全く反映されていないことも事実です。さらに、朝鮮に対する植民地支配への反省も全くの不在でした。とはいえ、朝鮮戦争を経て最初の解釈改憲を行い安保や自衛隊を持つなどしつつも、憲法九条は冷戦時代も維持され続けてきました。つまり、誰も殺していないし誰も死んでいないという状態で、日本は冷戦時代を耐えてきたわけです。その背後には、不十分ながらも三分の一の議席を守ってきた社会党と、それを支える国民の努力もあったと思います。

しかし、冷戦後に状況は変わりました。新しい状況下で、日本はどのように歩むのか、アジアとの関係をどう作っていくのか、何より、憲法九条をどう考えるのかという問題が再浮上しつつあります。より具体的に言えば、二つの立場の争いが生じています。まず一つは、アジアの近隣諸国に対する戦争責任の謝罪や償いの問題に関連付けて九条を考える立場があります。姜先生も指摘されたように、戦争責任の問題を端緒に東アジア近隣との関係を変え、日本国として新たに生きる道を目指していく、その過程の中で憲法九条を考えることが必要だという立場です。これの対極に位置するのが、端的に言えば安倍首相の考え方です。つまり、中国が無頼な国家になっていくのに応じて、軍事的な体制を日本も新たに備えていこうというのです。歴史的な条件が変化しつつある中で、我々は今、二つの立場の間で選択を迫られているのです。

いずれにせよ、我々が今問われているのは、決して元の状態に戻れば解決するというような問題ではありません。そうではなく、日本と周辺国との関係を新たに模索するために、憲法九条の問題を考え直さねばならないのです。隅谷先生が一貫して追求されていたのはまさしく、東アジアや東北アジアの隣国との関係の変革を通じて、日本の新しい平和、新しい生きる道を考えるということだったのではないでしょうか。だからこそ先生は、北朝鮮との関係改善に尽力し、「慰安婦」問題の解決に取り組まれたのです。私たちの歴史、そこで築き上げてきたものは、非常に不十分で貧しいものであったかもしれません。それでも、同時にある程度の努力がなされてきたことも覚え、それを基礎にしながら、新しい時代に出ていく、そういう道を考えなければならないと思います。

船戸良隆

先程の姜先生のお話でも歴史という問題が出てきました。歴史認識、さらに言えば、時流に抗した歴史意識をいかに持つかということが強調されていたように思うのです。しかし、今の若い世代の人々には、歴史意識があまりないような印象も受けています。姜先生はこれから聖学院大学学長として若者を指導していかれる立場にあります。また、和田先生も東京大学で同様の立場にいらっしゃいます。そして、加山先生や私は直接隅谷先生から指導を受けた身です。隅谷先生は若者を指導することを非常に強く意識しておられたと思いますが、では私たちは、これからの日本を背負っていく人びとに、どうしたら歴史の問題に関心を持ってもらうことができるのでしょうか。三人の先生方から、それぞれに発言いただきたいと思います。

若い世代に歴史に目を向けてもらうには

加山久夫

隅谷先生は一九五〇年に『近代日本の形成とキリスト教』（新教出版社）という本を出されました。それは小さな書物ではありますが、日本のキリスト教の歴史をどう読み解くかという点では開拓者的な提言を行った書であり、その後の歴史研究に対して一つの方向付けをした書でもあります。経済学者でありながら、こういう本を書かれたことは驚きです。

そこで主題となっているのは、日本の教会に属する一キリスト者として、日本におけるキリスト教の歴史をどう見るかということです。ですが隅谷先生はそれを、日本の近代化の中でキリスト教はどんな役割を果たしたかという広い視点から見ており、キリスト教を教会の中だけに閉じ込めることはしなかったのです。

かつて日本の近代化の時代、そして戦後、教会には青年がたくさん集まっていました。キリスト教は、青年の宗教と呼ばれるほどでした。しかし現在は、その青年の多くが教会から離れてしまい、残った人も老齢化してきています。このように、教会に若者が少ないことは、青年たちにキリスト教を伝えることに失敗してきたことの残念な証です。日本にはキリスト教主義大学が多くあり、今の日本の高等教育人口の約一〇%がキリスト教主義大学で勉強しているとも言われますが、これらの大学の責任は大変重いのではないかと思います。つまりそうした大学は、キリスト教のメッセージを高等教育の現場で言葉にして伝えることに失敗してきたのではないでしょうか。少なくとも、成功したとは言えません。

では、何故失敗したのでしょうか、教会もキリスト教主義大学も同様に、伝える側の主体性に問題があったために、キリスト教的実存が確たるものとならなかったからではないでしょうか。その問題に立ち返って反省し、再度出直すしかないと思います。教会の牧師をはじめ、キリスト教主義大学の学長や教職員、ことにクリスチャンが深く反省し、自らがよって立つ価値観を、ひいては人間や社会や歴史の普遍的見方を若者に伝えたいという切実なる思いをもって、かれらに理解してもらえる言葉を紡ぎだしていくことが必要です。もっとも、戦後日本には、人間性豊かなよき市民層も広がってきていますから、そこに希望をもちたいと思っています。

船戸良隆

和田先生は六〇年安保の世代でいらっしゃいますが、東京大学教授としての経験を通して、どうすれば今の若い世代に歴史意識や日韓・日朝の問題への関心を持たせることができるとお考えでしょうか。

和田春樹　歴史についてのアムネジア、記憶喪失は、大きな問題であると同時に、普遍的な問題でもあります。人間とは、歴史の健忘症になるものなのです。これと闘っていくためには、絶えず歴史を振り返って、新たによりいきいきとした歴史を再発見できるような仕事を行い、訴えかけていく必要があるでしょう。最近、孫崎亨という人が日本はアメリカに従属していると論じた『戦後史の正体』（創元社、二〇一二年）という本を書き、評判になりました。また、白井聡という若い書き手の『永続敗戦論』（太田出版、二〇一三年）という本も評判になっています。そこでは、日本は敗戦したことを忘れている、だから戦後の日本はだめなのだと論じられています。

これらの結論は、平凡なものです。日本がアメリカの従属国だという主張は日本共産党がずっと言ってきたものであり、私たちはそれを嫌というほど聞いてきました。にもかかわらずそれが今新鮮に見られるということは、説明の仕方、見せ方の問題でしょう。右翼や保守派の人びとは今、旧来の革新派や戦争に反対する人びととの歴史像は陳腐で一面的であると指摘しつつ、実際の歴史はこういうものだと対論を出してきています。憲法九条を守ろうといった立場から言えば、それは保守的な歴史観であるとして片づけられるでしょう。しかし、そういった右派の歴史観に対抗するためには、私たちの歴史観が大切にしている点は深く掘り下げつつも、そこに限界があれば容赦なく問題点を摘発することによって、歴史の見直しを不断に進めていかねばなりません。そうしなければ、今の状況には対抗できませんし、若い人の心もつかめないのです。この状況下では、特効薬はあまりありません。確かに、全国の歴史の教員が示し合わせて大学の歴史の入試の問題をすべて現代史にすれば、若者たちは皆現代史を勉強するかもしれません。ですが実際には、特別良い方策などないのです。歴史を常に見直し、新しい像を作り上げていこうという姿勢を持たなければ、歴史意識をめぐるたたかいには負けてしまうのです。

船戸良隆

最後に姜先生には、聖学院大学学長としてこれから学生を指導していく立場にあることを踏まえたご発言をお願いします。

姜尚中

和田先生がおっしゃる通り、人間は歴史を忘れていく存在です。九十歳を超えるタオイストの方とお話していて、次のように言われたことがあります。「姜さん、あの戦争でソビエトではどのくらい死んだか知っているの、中国人はどのくらい死んだか知っているの、ドイツ人はどのくらい死んだか知っているの。だけど、どんなに大勢の人が死んだところに行っても、必ず花は咲いている。つまり、どんなことがあっても草花はしっかり春になると芽吹くし、どんな悲惨なことがあっても必ず四季はめぐってくる」。彼は、むなしさ交じりに自らの無常観を伝えたかったのかも知れません。しかし私が思うに、何故大勢の死の上にも何ごともなかったかのように花が咲くような事態が起きるかというと、歴史とは、体験、証言、記憶といった可変的なものによって成り立つからです。実際に戦争を体験した人は今どのくらいいるのでしょうか。その体験を証言できる人がどのくらいいるかは不明瞭です。また、これは隅谷先生もおっしゃっていることですが、実は広島でどれだけの人が亡くなったか、実数はよくわかっていないのです。あるいは、たとえば一か月前に親の最期を看取り野辺送りをしたとして、その日何を食べたか質問されて答えられる人はほとんどいないのです。人間は、そういうふうにできています。

ですから、歴史の問題に取り組むにあたっては、ある意味で不自然な力を発揮していかなければ忘却の力には抗えないのです。体験や、それに基づく証言がなくなり、最後に記憶になった時に、記憶の暗殺者が出てきます。記憶を抹消したり、でっちあげたりしていく中で、出来事の真理がいつのまにかわからなくなります。そして若い人びとが、捏造された記憶を真理だと間違えていく可能性は十分あるのです。

では、どうしたらいいのでしょうか。この会を開くにあたって舩戸先生が述べられていたように、隅谷先生はかつて「一六歳の決意」*というものを書かれましたが、その祈りは今からみると到底一六歳とは思えないものです。私もそれには及びませんが、学生たちには次のように伝えるようにしています、「君は一八歳まで生きてきた。たかだか一八歳、しかし君にとって一八歳は大変な歴史だ。たとえ親のすねをかじってきたとしても、一八年も良くぞ生きてきた。自分の過ごしてきた時間を個人史として重んじることが、一番大切なのだ」と。そこから始めなければ、歴史に若者が目を向けることはないのではないでしょうか。自分自身への肯定感を持ちえない若者が、他者の歴史に共感を抱くことは難しいと思います。ですから私は、たかだか一八歳されど一八歳、その学生たちの生きた歴史を本人が肯定できるようになることが大切だと考えているのです。

先ほど和田先生は、いろいろとあったけども私たちはそれなりにやってもきた、その経緯をまずしっかりと据えて次に進んでいこうといったことを述べられました。ですから若者たちには、まずは今ここに生きている自分の個人史から始めて、その後に歴史について考えていくきっかけを与えなければなりません。結局、私たち生きている人は皆、誰かの遺族なのです。先だった人がいるからこそ、今の自分がいるのです。生きている人間は皆、誰かに先立たれた遺族であり、今生きている人の背後には必ず歴史がある。そのように考えながら、学生たちに語りかけるようにしています。

船戸良隆

まだまだ先生方のお話を伺いたいところですが、予定の時間となりましたので、ここで終了とさせていただきます。姜先生、和田先生、加山先生、本当に力をこめてお話いただき、心から感謝いたします。

最後に隅谷優子様から皆様に感謝のご挨拶を申し上げます。

隅谷優子

ちょうど隅谷三喜男の亡くなった歳である八六歳になり、大変よたよたしています。昨年のあのようなことがあったにもかかわらず、今日これだけの方にお集まりいただき、心から感謝申し上げます。先生方のご講演でこの会がすばらしく充実したものになったことを何よりも嬉しく思います。ありがとうございました。

船戸良隆

以上をもちまして、隅谷三喜男先生召天一〇周年記念講演会を終了とさせていただきます。なおこの講演の内容は『婦人之友』七月号に掲載されますのでご覧いただければ幸いです。どうもありがとうございました。

注

11頁

『韓国の経済』 隅谷三喜男『韓国の経済』岩波新書、岩波書店、一九七六年（隅谷三喜男著作集第六巻所収）

14頁

『学問と信仰のはざまで』 隅谷三喜男『ひとすじの途—学問と信仰のはざまで』新地書房、一九八六年（隅谷三喜男著作集第九巻所収）

『時の流れを見すえて』 隅谷三喜男『時の流れを見すえて』岩波書店、一九九一年（隅谷三喜男著作集第九巻所収）

『激動の時代を生きて』 隅谷三喜男『激動の時代を生きて—社会科学者の回想』岩波書店、二〇〇〇年（隅谷三喜男著作集第九巻所収）

「死魚は流れのままに流されるが、活魚は流れに逆らって泳ぐ」 隅谷三喜男著作集第九巻、一二〇頁。原典は内村鑑三全集第十五巻、岩波書店、八一頁

15頁

エクソダス（exodus） 脱出の意。旧約聖書「出エジプト記」にある。イスラエルの民がモーセに導かれエジプトを脱出する物語に由る。

18頁

『日本社会思想の座標軸』 隅谷三喜男『日本社会思想の座標軸』東京大学出版会、一九八三年（隅谷三喜男著作集第七巻所収）

19頁
戊申詔書（ぼしんしょうしょ）　一九〇八年（明治四一）戊申の年に出された天皇の詔勅。
21頁
『近代日本の形成とキリスト教』　隅谷三喜男『近代日本の形成とキリスト教』新教出版社、一九五〇年（隅谷三喜男著作集第八巻所収）
『日本賃労働史論』　隅谷三喜男『日本賃労働史論―明治前期における労働者階級の形成』東京大学出版会、一九五五年（隅谷三喜男著作集第一巻所収）
22頁
「私が戦後始めて……この頃である。」　『学問と信仰のはざまで』隅谷三喜男著作集第九巻、三五頁
「中曽根前首相の言う……よく考えたいと思う。」　『時の流れを見すえて』隅谷三喜男著作集第九巻、六〇頁
24頁
「デタントの中で……憲法の趣旨に反することになる。」　『時の流れを見すえて』隅谷三喜男著作集第九巻、一〇一頁
25頁
歴史のアムネジア　歴史の記憶喪失、健忘症
27頁
河野談話　一九九三年八月四日、慰安婦関係調査結果に関して河野洋平内閣官房長官が発表した談話。
村山談話　一九九五年八月一五日、戦後五〇周年の終戦記念日に際して村山富一内閣総理大臣が閣議決定を経て発表した声明。
近隣諸国条項　教科書検定基準に定められている「近隣のアジア諸国との間の近現代の歴史的事象の扱いに国際理解と国際協調の見地から必要な配慮がされていること。」という規定のこと。

29頁

「情報過多と情報過少の悩み」　『情報過多と情報過少の悩み』隅谷三喜男著作集第九巻、四九頁

33頁

「永遠とは何か、……なるであろう」　『人生の座標軸を求めて』隅谷三喜男著作集第九巻、三八二頁

38頁

安江良介　やすえ・りょうすけ、一九三五―一九九八年。『世界』（岩波書店）編集長、岩波書店社長。

アジア女性基金　正式には「女性のためのアジア平和国民基金」。元慰安婦に対する「おわびと反省」を表明した河野洋平官房長官の談話（河野談話）を受け、一九九五年七月、自社さ連立政権の村山内閣の時に発足した政府所管の財団法人。韓国・台湾・フィリピン・オランダの元慰安婦だという女性合わせて三六四人に、日本国民から集めた「償い金」を総理のおわびの手紙と共に届けた。二〇〇七年三月に解散。

挺対協（「韓国挺身隊問題対策協議会」）　第二次大戦中、日本軍の慰安所で将兵に性的奉仕を強いられた女性たち（従軍慰安婦）に対する日本政府の謝罪と賠償を求めて、一九九〇年に結成された韓国の団体。慰安婦問題に対し、国が法的責任を認め、被害者に謝罪して、個人賠償することを求めた。

41頁

日韓共同宣言　正式には「日韓共同宣言―二一世紀に向けた新たなパートナーシップ」。一九九八年一〇月に国賓として訪日した金大中大統領と小渕恵三首相との間で署名された宣言。小渕首相は、日本が「過去の一時期、韓国国民に対し、植民地支配により多大な損害と苦痛を与えた歴史的事実を謙虚に受け止め、これに対し、痛切な反省と心からのお詫び」を表明。金大統領はこの表明を評価し、「過去の不幸な歴史を乗り越えて和解と善隣友好協力に基づいた未来志向的な関係を発展させる」ことが重要とした。

池明観（チ・ミョングァン）　一九二四年、平安北道（現在の北朝鮮）生まれ。徳成女子大学教授、雑誌「思想界」主幹などを経て、一九七二年に来日、東京女子大学教授を務めた。一九九三年に帰国し、韓国翰林大

学校教授、同日本学研究所長を務めた。「T・K生」の名で『世界』（岩波書店）に『韓国からの通信』を一九七三年から一九八八年にわたって連載。

呉在植（オ・ジェシク）　一九三三―二〇一三年。韓国の牧師、民主化運動家。YMCA連盟大学部幹事。韓国キリスト者青年の社会運動、軍事独裁政権下での民主化運動、その後の平和統一運動で大きな足跡を残した。一九七一年に来日。アジア・キリスト教教会協議会の都市産業宣教幹事。「T・K生」の名で「世界」（岩波書店）に連載された池明観『韓国からの通信』において、資料提供で重要な役割を果たす。二〇一〇年南北平和財団理事長。著書『私の人生のテーマは現場――韓国教会の同時代史を生きて』（新教出版社、二〇一四）。

大沼保昭（おおぬま・やすあき）　一九四六年生まれ。明治大学特任教授、東京大学名誉教授、国際法。アジア女性基金の呼びかけ人・理事を務めた。

高崎宗司（たかさき・そうじ）　一九四四年生まれ。津田塾大学国際関係学科元教授、日本近代史・朝鮮近代史、アジア女性基金運営審議会委員長を務めた。

42頁

橋本ヒロ子　十文字学園女子大学教授・副学長、国連女性の地位委員会日本代表、アジア女性基金運営審議会委員を務めた。

尹貞玉（ユン・ジュンオク）　一九二五―。韓国の従軍慰安婦問題活動家、韓国挺身隊問題対策協議会共同代表、梨花女子大学英文科教授・名誉教授。一九九〇年一月、韓国の『ハンギョレ新聞』に慰安婦問題取材記を連載。

金允玉（キム・ユノク）　韓国挺身隊問題対策協議会代表。韓国教会女性連合会副会長。

池銀姫（チ・ウニ）　韓国挺身隊問題対策協議会代表。

梁美康（ヤン・ミガン）　韓国挺身隊問題対策協議会総務。

44頁

日朝国交促進国民協会　二〇〇〇年六月の韓国・北朝鮮の南北首脳会談を受けて、二〇〇〇年七月に日・朝の国交樹立と国民世論を盛り上げることを目的として創設された民間団体。会長は村山富市元首相、副会長に明石康、隅谷三喜男、三木睦子、事務局長に和田春樹が就任した。

51頁

隅谷調査団　成田空港問題解決のため、一九九一年から一九九四年にかけて、隅谷三喜男東京大学名誉教授ほか学識経験者主宰のもと、運輸省（現国土交通省）、空港公団、千葉県、反対同盟が参加して行われたシンポジウム・円卓会議。隅谷三喜男が座長役となり、これにかかわった学識経験者グループを「隅谷調査団」と呼んでいる。調査団は、「成田空港問題の原因を究明し、その現状を明らかにし、あわせて、社会正義に適った解決の途を見出すこと」を目的とするとした。隅谷三喜男『成田の空と大地―闘争から共生への途』（一九九六年、岩波書店）。

66頁

「一六歳の決意」　隅谷三喜男『激動の時代を生きて』一八五頁。隅谷三喜男が府立第一中学校（現在の日比谷高校）五年生になった時、学校の「学友会雑誌」に英語で投稿した文にある。「彼（キリスト）が示したように、どんなことがあろうと、十字架から顔をそむけることのない勇気を、私に与えて下さい。そして、愛する祖国の危機に際しては、重い十字架を背負うことのできる者にして下さい。」で結ばれている。

隅谷三喜男略年譜

年	世界及び日本の動き	年譜	
1916年		東京市麻布区谷町にて隅谷巳三郎・たつの次男として誕生	
1923年	関東大震災	移転先の千葉県安房郡から東京谷町に帰京	当時千葉に住んでいたが、その家は火事となり燃えてしまった。一方、東京に残してあった家は残り、一家で東京に戻る。
1932年	上海事変 満州国建国	霊南坂教会にて受洗	
1934年		第一高等学校文科甲類入学	
1937年	日中戦争	東京帝国大学経済学部入学	入学とほぼ同時に結核性肋膜炎のため入院、一年間の療養生活を送る。
1938年		復学	
1940年	日独伊三国同盟締結	9月19日に「治安維持法違反」で検挙され、12月10日に不起訴処分で釈放	拘留中〈手記〉を書かされることになり、マルクス主義を学び多少とも実践活動にかかわった経緯などを記述。重要と思われるところは一部多くコピーを取り、釈放の際にうまく持ちだした。
1941年	東条内閣成立 真珠湾攻撃	東京帝国大学卒業 昭和製鋼所（満州・鞍山の製鉄所）に就職し、5月下旬現地に着任	軍需工業などには就職したくないと考えていたうえ、他方で、社会の最底辺に入るべきでないかと考えた。配属のときは、中国人労働者の中で働きたいと答えた。

1945年	ドイツ無条件降伏 原爆投下 敗戦	1月、中国人友人、丁君宅に寄宿 8月13日、日本の全面降伏決定を知る	戦争末期から敗戦後の混乱期には、中国人の友人達に助けられて過ごした。
1946年	日本国憲法公布	8月末帰国 11月、東京帝国大学経済学部助手に着任	
1948年	東京裁判	東京帝国大学助教授　講座社会政策 この頃から雑誌『世界』等に小論文を執筆。主なテーマは「戦後日本の社会体制をどう考えるか」。月刊『基督教文化』には「平和の構造」などを匿名で寄稿。	経済学研究を志した当初から経済行為の担い手、とりわけ労働者こそが、私の関心事だった。
1950年	朝鮮戦争	有田優子と結婚	食糧事情が切迫していた時期には、学生を家に呼んで、ライスカレーなどを御馳走した。
1951年	サンフランシスコ対日講和条約、日米安保条約締結	工業経済論を担当 年末から52年1月、インドネシア、タイ、香港を回る	
1952年頃		教授会と助手・特研生の対立が表面化	学部内にイデオロギー的な対立や抗争があっては、優秀な研究者は育たないと判断。助教授同士は、定期的に集まり、互いの理論の違いを乗り越えて、自由に語り合うようにした。
1954年	吉田内閣総辞職	『日本社会とキリスト教』（東京大学出版会）	日本社会の近代化過程に関心をもつ一方で、キリスト教がいかなる社会的メッセージをもって展開したかを追求した。

1955年	55年体制 神武景気	『日本賃労働史論―明治前期における労働者階級の形成』(東京大学出版会) 経済学部教授となる	
1956年	日本、国際連合に加盟	カリフォルニア大学客員研究員	第二次大戦以前の日本の労働運動の資料を探す。社会思想史、社会運動史に関する著述を始める。
1959年	日米安保条約改定反対の世論が高まる	秋、中野好男、丸山真男、都留重人、久野収らと「平和問題研究会」を発足	
1960年	日米安保強行採決 高度経済成長時代	安保改定批判の動きが東京大学全体に広がる	東大教官有志374名が安保反対の声明を出す状況の中、いつの間にか私の研究室がその事務所のようになり、結構賑やかだった。
1961年	米ケネディ大統領就任 ベルリンの壁構築	「筑豊の子どもを守る会」の顧問	私の関心はずっと石炭産業に向けられており、その衰退はとりわけ悲惨で、理論分析を急がねばならなかった。
1962年	キューバ危機	『日本労働資料』第一巻刊行	
1962年		『現代日本とキリスト教』(新教出版社)『日本資本主義とキリスト教』(東京大学出版会)	
1964年	東京オリンピック 東海道新幹線開通	「ILO専門家会議」に出席(スイス) 社会保障制度審議会委員(72年春まで)	
1965年	米、北爆を開始し、ベトナム戦争激化 日韓基本条約	原子爆弾被爆者医療審議会委員 経済学部長(任期2年)	

1967年	中国・文化大革命始まる（66年） 第三次中東戦争	公共企業体等労働委員会委員 （日本基督教団「戦争責任告白」を議長声明として公表）	60年代に入って私はじわじわと日本基督教団の中に引きこまれ、教会の「体質改善」を考えるべきではないかという話しをした。60年代半ばには教団常任常議員も務めた。
1968年から70年	日本のＧＮＰ世界第二位に 大阪万国博覧会（70年）	大学紛争 経済学部長代理 69年から総長特別補佐 （69年1月、東大安田講堂で学生と機動隊の衝突）	経済学部長代理として学部の問題は私の責任で処理せざるを得ないこととなった。また、総長特別補佐として、学生たちに講堂に連れ込まれる経験もした。ある日、横幅5、6メートルの大きな張り紙に「隅谷教授は似非・クリスチャン」と書かれていた。良心的なクリスチャンならもう少し大学院生の要求を聞いてくれてよいはずだというわけであろう。私はこの批判を大変嬉しく読んだ。というのは、私個人への批判は批判として、キリスト教自体については大変好意的な文言だからである。
1972年春から73年夏	日中共同声明 金大中事件 韓国戒厳令	留学（イギリス、ケニア、カナダ、アメリカなど各地の大学を巡り研究、研鑽を積む）	
1974年	ウォーターゲート事件	韓国経済の研究と論文執筆を依頼される 7月　韓国経済事情視察 中小企業政策審議会委員	池明観さんと旧知の安江良介君が現れ、「韓国の経済学者は言論が封じられている。しかしあなたは自由な日本人の経済学者である。来たりて我らを助けよ」と言った。私は困惑して「韓国経済を研究したことはない。その責に堪えない」と答えたが、二人は、これから勉強してもらえばよい、協力するという。

1976年	ベトナム戦争終結	『韓国の経済』（岩波新書）刊行 大韓民国調査旅行 日本産業学会会長 労働者災害補償保険審議会委員長（83年まで）	この本は危険文書として韓国政府は輸入を禁止したが、密かに持ち込まれたようで、韓国の知識人に会うと、「あの本を読んだ」などと言われた。（韓国社会が民主化した83年、韓訳出版された） （労災補償審議委員会に新会長として出席しようとすると）会場の前に列を成した労災被害者に、一室に引き入れられ、彼らから被害状況と労災対策の不備な点を聞かされた。何度かその訴えを直接聞くうちに、対立は基本的には解かれていった。
1977年		3月東京大学退官 4月信州大学人文学部教授（経済学部創設準備室教授として）	
1978年	成田空港開港	日本キリスト教海外医療協力会（JOCS）会長（98年4月まで） 信州大学経済学部長（80年3月まで）	60年に設立されたJOCSの3代目会長に就任。後に、その歴史を『アジアの呼び声に応えて――JOCS25年史』（新教出版社、90年）にまとめた。
1980年	韓国・光州事件	東京女子大学学長（88年3月まで） 短期大学の四年制昇格に尽力し、88年に実現 日本労働協会（現：労働政策研究・研修機構）会長	大きな問題は、戦後の男女共学体制の中で、女子大学の存立基盤はどこにあるのか、ということだ。……東京女子大学が媒介となって韓国との関係は急速に深くなった。 83年に日本で開催が予定されていた「国際労使関係学会」の全責任を担うことになり、資金調達、準備等を行った。

1982年		日本学士院会員となる	
1983年		「核軍縮を求める二十二人委員会」を宇都宮徳馬、田英夫、鯨岡兵衛らと結成 中国訪問 国鉄債権監理委員会委員	戦前後五年間生活した鞍山を、私が団長となり、旧満州製鉄関係者とともに訪れた。これを機に、労働者教育や労働管理等をめぐって中国の労働部（省）との関係が深まった。 国鉄再建に引き出されたのは、主として67年から公労委委員として数々の労使調停に関わってきたためであろう。
1984年	グリコ森永事件	ラスキン文庫創立　会長 社会保障制度審議会委員　12月会長	知古の御木本義隆君が、父君の蒐集した19世紀の文化人ジョン・ラスキンの文献類をまとめたラスキン文庫の設立目前に病に倒れ、その志を継ぐものとして私が指名された。日本には社会保障の理論が欠けているため、厚生省に社会保障の研究所を設けることを勧告し、研究者を集めて自由な討論をすることから始めた。
1986年	チェルノブイリ原発事故 男女雇用機会均等法	12月　リンパ腺肉腫除去手術	
1987年	国鉄民営化、JR発足	がん告知、2月、7月、8月と3回のがん手術 5月　北京「日中米平和懇談会」に出席し、帰途、北朝鮮訪問	退院直後から日常業務に戻り、海外にも積極的に出張。ただし、病後に「第一次5カ年計画」を発表し、整理すべき仕事と残す仕事とを仕分け、有意義に人生を送りたいと考えた。

1988年		『通商産業政策史（全17巻）』の編著に着手（94年発刊）	
1989年	天安門事件 ベルリンの壁崩壊	聖学院大学全学教授 恵泉女学園理事長	
1990年	イラクのクウェート侵攻 東西ドイツ統一 鄧小平改革開放路線	アジア・キリスト教教育基金（ACEF）設立、会長 秋　成田空港紛争解決のための調停を依頼される	アジアの未就学児のために寺子屋をつくる運動を推進。 農民闘争の主体は、反対農民もさることながら、かつての大学闘争の担い手の元学生たちだった。東大闘争と裏腹の関係にあるため、無下に断るわけにもいかなかった。
1991年	湾岸戦争 韓国反政府デモ	〈隅谷調査団〉発足 成田空港問題公開シンポジウム第1回開催（93年5月第15回をもって終結）	解決の途は「足して二で割る」ことにはない。それは単なる妥協で、双方に不満が残る。社会的公正と認められる結論であれば、納得して受け入れられる。
1992年	ロシア連邦発足 従軍慰安婦問題	自宅に直撃弾攻撃（被害軽微）	秋　がん手術後の「第二次三カ年計画」を発表。
1993年	EU発足 オスロ合意 河野談話	経済学廃業の宣言 経済関係の日・英文書籍、研究雑誌等約2万冊を北京大学に寄贈 第1回成田空港問題円卓会議	私の専門領域であった労働史について蒐めた古書類は日本労働協会に、さらに日本キリスト教史は、東京女子大に寄贈した。 今後の空港問題とどう取り組むべきかを周辺住民の代表者などを加え、円卓様式の会議で話し合うことになった。
1994年	自社さ政権発足（村山内閣）	日本学士院第一部部長	

1995年	阪神淡路大震災 アジア女性基金 戦後50年村山談話	「社会保障の再構築に関する勧告」を総理大臣に提出	秋に「第二次三カ年計画」が終了し、以後は「余命」と命名する。
1996年		『成田の空と大地——闘争から共生への途』（岩波書店）	空港関係の団体が成田空港問題での労苦に感謝して感謝状をくれることになり、それには世界旅行という副賞がついていた。そこで、苦労をかけた妻とともにスイス、北欧、イギリス、アメリカ、カナダをめぐる世界旅行に出かけた。
1997年	アジア通貨危機 韓国大統領選挙　金大中氏当選	北京社会科学院「名誉高級研究員」称号授与式出席 沖縄の現状を調査	沖縄にて最後のフィールド調査。翌98年『沖縄の問いかけ』（四ツ谷ラウンド）として発行。
1999年	NATO、ユーゴスラビアを空爆	国際ボランティア学会　会長 ソウル「慰安婦問題」協議出席 「北朝鮮社会科学者協会」に招待	
2000年	介護保険制度スタート 金大中北朝鮮訪問、南北共同宣言	宮中講書初め「東アジア経済の混迷をめぐって」 「日朝国交促進国民協会」副会長	
2002年	ユーロ通貨流通開始 小泉首相北朝鮮訪問 日朝平壌宣言	恵泉女学園に蔵書の一部を寄贈 『隅谷三喜男著作集』全9巻の出版を公表	社会科学者の視点で、日本のキリシタン史を書くことを目指して資料を蒐集したが断念し、恵泉女学園に寄贈
2003年	イラク戦争	1月静脈瘤破裂で緊急入院 2月22日　午前9時5分永眠	日本の社会・人文学者1500名余と共に、米国のイラク先制攻撃に反対する意見広告に名を連ねた（広告は2月27日に掲載）

参考：『激動の時代を生きて——一社会学者の回想』（岩波書店）、他

あとがき

　隅谷三喜男先生が二〇〇三年二月二二日に逝去されて二〇一三年で一〇年になることから、召天一〇周年を記念する講演会を開催できないかとの話が二〇一二年の夏ごろからあり、船戸良隆（アジアキリスト教教育基金顧問）を委員長に、隅谷先生と関わりの深い団体が集まり実行委員会が作られました。実行委員会は毎回、日本基督教団代田教会で会合をもち、隅谷先生の学問・思想を今日の課題を通して語っていただける方として、姜尚中氏（東京大学教授、その後聖学院大学学長）、和田春樹氏（東京大学名誉教授）、加山久夫氏（明治学院大学名誉教授）にお願いすることといたしました。先生方にご相談したところ快くお引き受けいただきました。三人の先生のお話と鼎談を通して、経済学者として、またキリスト者として、時代と向き合いつねにアジアの人びとの声に耳を傾けて行動された隅谷先生から、私たちは今、何を学び、何をなすべきか共に考える機会としたいとの思いがありました。

　本講演会は当初二〇一三年一〇月二六日に予定しましたが、当日、大型台風の来襲により中止を余儀なくされました。講演会冒頭での船戸良隆実行委員長の挨拶、また姜尚中先生の冒頭の言葉にもありますように、記念講演会が流産することなく、翌年、二〇一四年五月三日の憲法記念日に実現できたことは姜尚中先生はじめ講師をしていただいた先生方、そして船戸委員長を中心とする実行委員会の強い意志によるものといえます。講演会当日は快晴に恵まれ、会場となった東京・杉並の東京女子大学講堂には、各団体を通した案内に応えて七〇〇人近い方々が緑まぶしいキャンパスに集いました。

実行委員会には以下の一〇の団体が参加しました。

アジアキリスト教教育基金（ACEF）、賀川豊彦学会、隅谷会（東京大学）、聖学院大学、全国友の会、東京女子大学、東京大学経友会、日朝国交促進国民協会、日本基督教団代田教会、ラスキン文庫。

また恵泉女子大学、日本キリスト教海外医療協力会（JOCS）、元筑豊の子どもを守る会、婦人之友社はじめキリスト教関連の出版各社にもご協力いただきました。

講演の中でも触れられているように、講演会は歴史認識などをめぐり近隣諸国との緊張が続く中で開催されました。講演会後も集団的自衛権行使容認の閣議決定がなされ、慰安婦問題の報道をめぐる議論も再び高まっています。晩年の隅谷先生が病を押して取り組まれた慰安婦問題や日朝国交促進も解決の糸口を見いだせないまま私たちの課題として残されたままです。そして戦後七〇年、日韓国交樹立五〇年となる二〇一五年を迎える中、加山久夫先生が講演の最後に語られた「隅谷三喜男先生の人・思想・実践に学び、国境を越えたフォーラムを」という言葉をもってこの講演録の結びとしたいと思います。

今回の講演会開催につきましては、山本将信氏（元筑豊の子どもを守る会・牧師）、大江浩氏（日本キリスト教海外医療協力会）、山本俊明氏（聖学院大学）、吉川克己氏（恵泉女学院）には初期に実行委員会にご参加いただきました。また東京大学経友会の諸井勝之助先生（東京大学名誉教授）、日朝国交促進国民協会の和田春樹先生、ラスキン文庫代表理事の秋山康男氏には団体として実行委員会に加わりご支援をいただきました。さらに講演会当日は各団体から多くのボランティアの方々のご協力をいただきました。

出版にあたりましては、新教出版社代表取締役社長の小林望氏に大変お世話になりました。隅谷先生の年譜につきましては、講演会当日の小冊子を作成された栗山のぞみ様から提供いただきました。最後に、この講演会の企画から、講演会の開催、出版まで変わらぬご支援をいただきました隅谷優子様に心から感謝し御礼申し上げます。

二〇一五年二月

隅谷三喜男先生召天10周年記念講演会実行委員会

舩戸良隆（委員長）

前田恭子・井上儀子（アジアキリスト教教育基金）、古屋安雄（賀川豊彦学会）、内田純音・川島演・福田孝雄・森和博（隅谷会（東京大学））、大井恵子（聖学院大学）、山崎みどり（全国友の会）、平野克己・鷺一彦・小川洋二（日本基督教団代田教会）、山田純子（東京女子大学）

森和博（隅谷会（東京大学））記

登壇者のプロフィール

姜尚中（カン・サンジュン）
一九五〇年熊本生まれ大阪育ち。早稲田大学大学院政治学研究科博士課程修了。国際基督教大学准教授、東京大学大学院情報学環・学際情報学府教授、同大学院情報学環・現代韓国研究センター長、聖学院大学学長を歴任。『マックス・ウェーバーと近代』（御茶の水書房、岩波現代文庫）、『東北アジア共同の家をめざして』（平凡社）、『愛国の作法』（朝日新聞社）、『悩む力』『母―オモニ』『心』（集英社）など著書多数。

和田春樹（わだ・はるき）
一九三八年大阪生まれ静岡育ち。東京大学文学部西洋史学科卒業。東京大学社会科学研究所教授、同研究所所長を経て退官。現在、東京大学名誉教授、東北大学東北アジア研究センター・フェロー、日朝国交促進国民協会事務局長。『ニコライ・ラッセル――国境を超えるナロードニキ』（上・下中央公論社）、『歴史としての社会主義』（岩波書店）、『日露戦争 起源と開戦』（岩波書店）、『日本と朝鮮の一〇〇年史』（平凡社）など著書多数。

加山久夫（かやま・ひさお）
一九三六年大阪生まれ。国際基督教大学牧師、明治学院大学文学部教授を経て、現在、公益財団法人賀川事業団雲柱社理事長、日本キリスト教団横浜上倉田教会牧師、明治学院大学名誉教授。クレアモント大学院博士課程修了（Ph.D.）。著書に『マルコによる福音書』（筑摩書房）、『使徒行伝における歴史と文学』（ヨルダン社）、『ルカの神学と表現』（教文館）ほか多数。

今、なにをなすべきか
隅谷三喜男から学ぶこと

●

2015年5月30日　第1版第1刷発行

著者……姜尚中、和田春樹、加山久夫
編者……隅谷三喜男先生召天10周年記念
講演会実行委員会

発行者……小林　望
発行所……株式会社新教出版社
〒162-0814 東京都新宿区新小川町9-1
電話（代表）03 (3260) 6148
振替 00180-1-9991
印刷・製本……モリモト印刷株式会社

ISBN 978-4-400-40736-2　C1016